세상에 대하여
우리가
더잘 알아야 할
교양

18

지은이 | 옮긴이 | 감수자 소개

지은이 **재키 베일리** Jacqui Bailey

재키 베일리는 그림책과 백과사전에 이르기까지 어린이를 위한 다양한 분야의 교양서를 쓰는 영국 최고의 논픽션 전문 작가입니다. 현재 도서 편집자이자 발행인으로도 일하고 있으며, 지은 책으로는 《지금 당장 시작해!》《사춘기 성장 비밀》《친구야, 어떻게 과학을 그렇게 잘 아니?》《친구야! 어떻게 자연을 그렇게 잘 아니?》 등이 있습니다.

옮긴이 **정여진**

국민대학교 언론정보학과를 졸업하고 라디오국 작가, 잡지 편집기자, 출판사 교열자로 수년간 일하였습니다. 문학, 인문, 사회 전반에 관심이 많으며, 현재 번역에이전시 엔터스코리아에서 출판기획 및 전문번역가로 활동 중입니다.

감수자 **양현아**

서울대학교에서 사회학과를 졸업한 후, 미국 뉴스쿨에서 사회학 박사 학위를 받았습니다. 현재 서울대학교 법학전문대학원 교수이자 국가인권위원회 인권위원으로, 여성주의 법학과 법사회학 분야에서 왕성한 활동을 하고 있습니다.

세 상에 대하여
우리가
더 잘 알아야 할
교양

재키 베일리 글 | 정여진 옮김 | 양현아 감수

18

낙태

금지해야 할까?

내인생의책

차례

감수자의 말 - 6

추천의 글 - 10

들어가며 : 낙태를 둘러싼 끝없는 전쟁 - 12

1. 낙태란 무엇일까요? - 17

2. 낙태법의 역할 - 31

3. 의료 보장과 사회 복지 - 41

4. 낙태의 역사 - 55

5. 생명의 문제 - 73

6. 태아의 생명권 - 87

7. 끝나지 않는 논쟁 - 105

용어 설명 - 111

연표 - 113

더 알아보기 - 117

찾아보기 - 118

※ 본문의 **굵은 글씨**로 표시된 단어는 111쪽 용어 설명에서 찾아보세요.

　낙태는 우리 사회에 살고 있는 하나의 '유령'이다. 여성의 낙태가 만연하고 있다고 한다. 하지만 그 경험은 철저히 침묵 속에 묻혀 있고, 그저 사적인 체험의 '웅얼거림들'로만 남아 있기 때문이다.

　미국에서는 대통령 선거 때마다 후보들의 낙태에 관한 태도가 그 정치인의 철학을 판단하는 하나의 지표가 되기도 한다. 반면 미국보다 낙태율이 훨씬 높다고 추정되는 우리나라에서는 '공적인 논의'의 자리조차 마련되지 못하고 있다.

　그럼에도 우리나라의 형법은 낙태를 범죄로 규정하고 있어 낙태 시술을 한 의료인뿐 아니라 임신부까지 처벌할 수 있다. 우리나라에서 낙태는 모자보건법에서 허용하는 합법적 인공 임신 중절 사유가 아니면 불법이 되는 것이다. 이때 그 허용 사유란 임신부 본인이나 배우자가 대통령령이 정하는 정신 장애나 신체 질환, 혹은 전염성 질환이 있는 경우, 강간이나 근친상간으로 임신이 되었을 때 등 그 허용 한계의 폭이 대단히 협소하다. 또한 이 경우에도 임신한 여성은 배우자의 동의를 얻어야 한다.

　그래서 우리나라에서 행해지는 대다수의 낙태는 불법이다. 그런데도 낙태죄의 기소 건수는 매년 열 건을 넘지 않고 있다. 그럼에도 2012년 8월, 헌법재판소는 형법의 낙태죄 규정이 합헌이라는 결정을 내렸고, 낙태 금지법은 여전히 규범력을 가진 살아 있는 법이다. 이렇게 우리나라의 낙태는 구불구불한 모습을 가진 잘 설명되지 않는 현상이다.

한편 2000년대 들어 우리 사회에서는 저출산·고령화의 맥락에서 낙태에 대한 우려와 규제의 목소리가 높아지고 있다. 이에 따라 여성의 자기결정권이나 여성 인권 존중의 입장도 더욱 강력해지고 있다. 서구에서 이야기되는 '선택옹호론(pro-choice) 대 생명옹호론(pro-life)'이라는 논쟁 구도가 보여 주듯이, 전통적으로 낙태라는 주제는 양분화된 격렬한 논쟁의 장이라 할 수 있다.

하지만 우리나라에서 낙태가 많다는 것은 여성들이 선택의 자유를 누려서라기보다는 원치 않은 임신이 너무 많아서라고 할 수 있다. 한국의 낙태 현상은 성의 자유를 표현한 것이 아니라 성적 주도권을 가지지 못한 한국 여성들의 소극적인 성적 주체성을 나타낸다고 해석한다. 이 점에서 위 이분법이 우리 사회에 딱 들어맞지는 않는다.

이 책의 저자 재키 베일리는 낙태에 대하여 하나의 견해를 밝히기보다는 양쪽의 입장, 나아가 다양한 입장들을 간명하고 균형 있게 다루고 있다. 그뿐만 아니라, 국가마다 다양한 낙태 규제법과 정책에 대해서도 친절하게 소개하고 있다. 그러면서도 낙태 현상에서 보편적으로 발견되는 현상 역시 놓치지 않고 있다. 예컨대 낙태를 합리적으로 규제하는 국가의 낙태 수가 낙태를 금지하는 나라의 그것보다 오히려 적다는 일반적 현상을 알려 준다.

또한 이 책은 낙태를 한 나라의 관점을 넘어서서 전 세계적인 관점으로 바라보게 한다. 매년 전 세계적으로 여성 50만 명 정도가 낙태 수술이나 임신과 출산으로 건강에 문제가 생겨 사망하는데, 이는 특히 대부분 낙태가 금지되거나 크게 제한된 개발 도상국에서 발생하고 있다고 한다. 낙태의 불법화는 열악한 낙태 시술 환경을 만들고 있으며 낙태가 합법화된 사회보다 제3세계, 빈곤층, 10대 소녀들에게 낙태 불법화의 위험성이 더욱 커진다고 한다.

생각건대 낙태 금지 정책은 단지 여성의 건강 문제에만 국한되는 것이 아니다. 낙태가 선택이 되지 못한다면, 출산을 원하지 않는 여성에게 모성을 강요하는 것으로서 여성의 모성권, 나아가 시민권에 대한 근본적 침해가 될 것이다.

또한 실제로 태아를 잉태하여 출산하고 양육하는 대부분의 여성들의 경험이나 노력은 종교계나 국가가 주도하는 '생명 존중론'과는 같이 생각할 수 없을 것이다. 이에 따라 여성들이 태아를 억압하는 반생명적 주체로 자리매김하는 역설이 지속될 것이다. 오히려 낙태를 선택한 여성뿐 아니라 출산을 선택한 미혼 여성이나 일하는 저소득층 여성들에게도 사회적 격려와 지지가 필요한 것이다.

1994년 개최된 유엔 국제인구개발회의(UN International Conference on Population and Development; ICPD)에서는 재생산권(reproductive rights)이

라는 여성 인권의 주요 틀이 제시된 바 있다. 재생산권에는 자녀를 출산하는 데 있어 양성의 동등한 성적 자기결정권, 모자(母子) 건강과 관련한 의료보장청구권, 정보접근권 등이 포함되어 있다. 이렇게 여성과 생명, 성과 임신과 양육을 통합된 틀에서 바라볼 수 있는 담론과 철학이 필요한 시점인 것이다. 이 책은 그러한 생각을 시작하는 데 귀중한 길잡이가 되어 줄 것이다.

서울대학교 법학전문대학원 **양현아** 교수

낙태는 오랜 시간 동안 전 세계적으로 찬반양론으로 나뉘어 결론 없는 공방을 끊임없이 이어 오고 있다.

지난 2010년 2월 프로라이프(Pro-Life) 의사회는 불법 낙태 시술 병원을 검찰에 고발한 바 있다. 이 사건으로 우리나라에서 암암리에 혹은 당연시되었던 낙태를 공개적으로 함께 논의하는 계기가 마련되기도 했다. 그 뒤로 낙태를 찬성하는 쪽과 반대하는 쪽은 서로의 입장을 주장해 왔고 지금까지도 민감하게 논쟁하고 있다. 하지만 여전히 많은 사람들이 낙태에 대해 심각하게 고민하지 않으려 하는 것 역시 현실이다. 아마도 우리 사회에 원치 않은 임신이 되었을 때에 그것을 해결할 가장 빠르고 좋은 방법은 낙태뿐이라는 인식이 뿌리깊이 자리 잡고 있기 때문일지 모른다. 하지만 과연 낙태만이 옳은 선택이라고 단정할 수 있는 걸까?

낙태에 대해 서로 다른 주장을 가진 사람들은 한 치의 양보 없이 팽팽하게 대립하고 있다. 그렇다고 해서 우리가 어느 한쪽의 주장을 등한시하여서도 안 된다. 오히려 그 하나하나의 물음에 대해 깊이 고민하고 해결 방안을 찾아 나가야 할 것이다. 낙태는 결코 쉬운 주제의 논의 대상이 아니다. 그만큼 낙태를 둘러싼 의문 역시 무수히 많다.

- 낙태는 한 생명을 죽이는 행위일까? 아니면 단순히 몸속의 세포 덩어리를 떼어 내는 수술일까?
- 생명의 시작은 언제부터일까? 난자와 정자가 수정된 순간일까, 아

니면 수정란이 자궁 내막에 착상한 뒤부터일까?

- 출산하는 것과 낙태 수술을 받는 것 중 어느 것이 더 위험할까?
- 낙태 수술은 정말 안전한 수술일까? 낙태 수술 뒤에는 아무런 후유증 없이 문제가 해결될까?
- 낙태할 권리는 여성의 고유한 권리일까? 만약 그렇다면 여성의 자기결정권이 태아의 생명권보다 더 우선하는 걸까?
- 낙태를 방지하기 위해 우리가 시급하게 해야 할 일은 무엇일까?
- 10대 소녀의 임신이나 미혼 여성의 임신, 혹은 원치 않은 임신을 예방하기 위한 대책은 무엇이 있을까?

이 책에서는 이런 의문들과 함께 과연 낙태를 금지해야 하는지 아니면 허용해야 한다면 어디까지 허용해야 하는지에 대한 다양한 의견들을 들려주고 있다. 그리고 세계의 여러 나라에서 이루어지고 있는 낙태에 관한 다양한 사례와 관련 법 조항까지 폭넓게 다루고 있다. 이 책을 통해 낙태에 대한 요즘 우리 사회의 인식과 태아의 생명과 여성의 인권 보호를 위해 우리는 무엇을 해야 하며 어떻게 하면 모두가 웃으며 함께 더불어 살아갈 수 있을지 고민해 보기를 희망한다.

프로라이프(Pro-Life) 의사회 회장 차희제

1969년 노르마 맥코비는 임신한 사실을 알게 되었습니다. 하지만 맥코비는 당시 스물두 살이었고 남편과도 이혼한 상태였습니다. 게다가 이미 두 명의 딸을 낳아 그중 한 아이는 입양 보내기도 했지요. 맥코비는 아이를 낙태하려 했지만 당시 텍사스 주에서는 성폭행이나 근친상간으로 임신한 경우 또는 임신부의 생명이 위독한 경우가 아니면 낙태가 불법이었습니다.

친구들은 맥코비에게 성폭행으로 임신했다고 말하고 낙태 수술을 받으라고 조언했습니다. 하지만 맥코비는 성폭행으로 인한 임신을 입증할 방법을 찾지 못해 비밀리에 낙태 수술을 받기로 했어요. 그러나 맥코비가 알아낸 유일한 병원은 이미 경찰의 단속에 걸려 문을 닫은 상태였습니다. 결국 맥코비는 합법적으로 낙태 수술을 받기 위해 린다 커피와 사라 웨딩턴이라는 두 명의 변호사를 만나게 됩니다. 마침 두 변호사는 텍사스 주의 낙태 금지법에 이의를 제기할 소송 사건을 찾던 중이었지요. 맥코비가 그들의 도움을 받아 제기한 소송은 재판으로 넘어가기까지 3년이 걸렸습니다. 소송이 진행되는 동안 맥코비는 세 번째 딸을 낳았고 그 딸 역시 입양 보내야 했습니다. 맥코비는 재판에서 '제인 로'라는 가명을 사용했고, 텍사스 주를 대표해 사건을 변호한 변호사는 헨리 웨이드였습니다. 그래서 이 소송은 '로 대 웨이드(Roe v Wade)' 소송 사건으로 알려지게 되었지요.

맥코비의 두 변호사는 텍사스 주의 낙태법이 **헌법**에 어긋난다고 주장했습니다. 낙태법이 헌법에 준거한 여성의 권리, 즉 낙태를 결정할 권리를 박탈하였기 때문이라는 이유를 내세웠지요. 결국 이 소송은 미국 연방 대법원까지 갔고 맥코비의 승소로 끝이 났습니다.

1973년 1월 22일, 연방 대법원 판사 아홉 명 중 일곱 명은 낙태가 미국 헌법에서 인정한 기본권이라고 판결했습니다. 그러나 판사들은 연방 정부와 주 정부가 임신부의 건강과 **태아**의 생명을 보호할 의무가 있다는 것 역시 인정했습니다. 그래서 '**삼분기원칙**'을 제안했지요.

삼분기원칙은 임신 초기 3개월 내에는 어떤 경우라도 낙태할 수 있는 권리를 보장받도록 했어요. 그다음 4~6개월까지는 연방 정부와 각 주 정부가 낙태를 규제할 수 있도록 하였지요. 예를 들면 임신부의 건강을 보호할 수 있도록 낙태할 구체적인 장소를 지정하여 주는 거예요. 그리고 임신 7~9개월에는 임신부의 건강이나 생명이 위태로운 상황이 아니라면 임신부가 원하더라도 주 정부가 낙태를 금지할 수 있도록 했어요. 이 시기에는 태아가 이미 엄마의 **자궁** 밖에서도 생존할 수 있을 만큼 성장했기 때문이지요.

로 대 웨이드 판결로 미국에서는 많은 변화가 일기 시작했습니다. 이전에는 불법적인 수술이 아니면 거의 불가능했던 낙태가 미국 곳곳에서 가능해지게 된 것이지요. 그러면서 이에 대한 여론이 극과 극으로 나뉘게 되었어요. 낙태를 반대하는 사람들은 판결을 뒤집기 위해 끊임없이 소송을 벌였고, 여러 주 정부는 낙태를 제한할 방법을 찾아야 했습니다. 반면 합법적인 낙태를 지지하는 사람들은 로 대 웨이드 판결을 옹호하고 낙태를 합법적으로 유지하기 위한 활동을 했답니다.

Post abortive women say,
ABORTION HURTS WOMEN

로 대 웨이드 소송 사건의 판결이 난 20년 뒤, 노르마 맥코비 (사진)는 독실한 기독교인이 되어 낙태 반대 운동에 참여하기 시작하여 지금까지 계속해 오고 있다. 2005년에는 1973년 자신이 승소했던 판결을 뒤집어 달라며 연방 대법원에 탄원서를 제출하기도 했지만 받아들여지지 않았다.

찬성 vs 반대

미국의 각 주 정부는 임신부의 건강이나 생명의 존엄성을 이유로 임신부에게 임신을 유지하라고 강요할 수 없다.

– 대법관 해리 블랙먼(로 대 웨이드 사건 당시 연방 대법관),
1986년 손버그 대 미국부인과협회 사건의 연방 대법원 판결 중에서

법원은 낙태를 원하는 임신부를 위해 헌법상의 권리를 조작해서 발표하고 있다. (중략) 각 주에 존재하는 낙태법을 무효화하기 위해 낙태할 권리에 주안점을 두고 있다.

– 대법관 바이런 화이트,
1973년 로 대 웨이드 판결에서 낙태를 반대한 연방 대법관 두 명 중 한 명

1

낙태란 무엇일까요?

인공적이거나 물리적인 충격 없이 자연적으로 유산되기도 하지만 반대로 고의적인 유산도 있지요. 그것이 바로 우리가 낙태라고 부르는 인공 유산입니다. 유산이 되면 임신부는 정신적으로 심각한 고통을 겪게 됩니다. 그렇지만 자연적으로 불가피하게 발생하는 자연 유산과 달리 인공 유산은 선택의 문제이기 때문에 커다란 논란을 불러일으킵니다.

유산 (낙태를 포함한 넓은 의미의 용어)이란 임신 상태가 지속되지 못하고 태아가 자궁벽에서 떨어져 나가는 것을 의미합니다. 인공적이거나 물리적인 충격 없이 자연적으로 유산되기도 하지만 반대로 고의적인 유산도 있지요. 그것이 바로 우리가 낙태라고 부르는 인공 유산입니다.

유산이 되면 임신부는 정신적으로 심각한 고통을 겪게 됩니다. 그렇지만 자연적으로 불가피하게 발생하는 자연 유산과 달리 인공 유산은 선택의 문제이기 때문에 커다란 논란을 불러일으킵니다. 이 책에서는 바로 이 인공 유산, 즉 낙태를 둘러싼 여러 가지 주장들에 대해 살펴보도록 하겠습니다.

태아를 둘러싼 주요 쟁점

태아의 성장을 고의적으로 멈추게 하는 것은 윤리적으로 나쁜 것일까요? 낙태는 법으로 규제해야 하는 걸까요? 이 두 가지 질문에 대해 사람들은 대부분 뚜렷한 자신의 의견을 갖고 있습니다. 물론 간단하게 생각할 문제는 결코 아니지요. 예를 들어 낙태를 나쁘다고 생각하는 사람도 때로는 낙태의 필요성을 인정합니다. 마찬가지로 낙태를 나쁘다고 생각하지 않는 사람도 낙태를 언제나 옳은 선택이라고 생각하지는 않습니다. 또한 낙태를 법으로 규제해야 한다고 생각하는 사람들도 법에 들어가는 내용에 대해서는 서로 의견을 달리하지요.

우리는 낙태에 대한 논쟁을 하기 전에 태아가 자궁에서 어떻게 성장하는지를 이해하는 것이 필요합니다. 낙태의 옳고 그름을 가리는 문제는 태아가 엄마에게서 떨어져 나와 생존할 수 있느냐 없느냐와 밀접하게 관련되어 있기 때문이지요.

생물학적으로 태아는 세포로 구성되어 있습니다. 그런 점에서 태아는 분명히 '살아 있는' 존재입니다. 하지만 태아는 전적으로 엄마에게 의존

낙태를 개인의 선택에 맡겨야 할지, 아니면 국가가 낙태에 제한을 가해야 할지를 둘러싸고 의견이 분분하다.

해 자궁 속에서 영양분과 산소를 섭취하지요. 임마의 몸을 구성하는 다른 모든 세포처럼 말이죠. 인간으로서 존재하려면 독립적인 생명체로 살아갈 능력과 환경을 갖춰야 합니다. 태아는 각 성장 단계를 거치며 이러한 완벽한 인격체가 되어 가지요. 그러나 우리가 알고 있는 대로, 태아는 태어난 뒤에야 비로소 하나의 독립적인 생명체로 살아갈 수 있습니다.

태아의 성장 과정

남성의 정자와 여성의 난자가 합쳐져 수정란이 만들어집니다. 이렇게 만들어진 수정란은 곧바로 세포 분열을 하며 서서히 **나팔관**을 거쳐 자궁으로 이동하지요. 수정란이 자궁까지 가는 데는 대략 5~7일이 걸립니다.

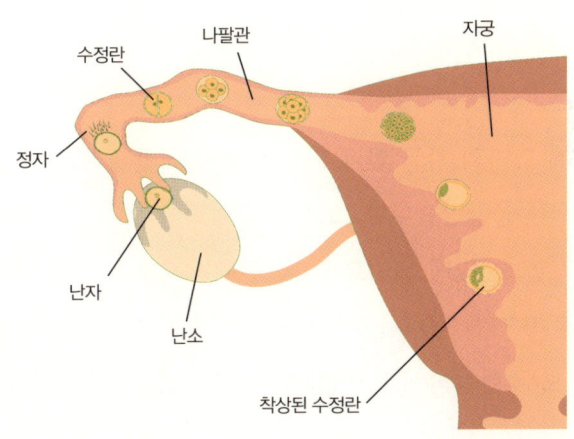

착상된 수정란

1~8주

자궁에 도착한 수정란은 자궁벽에 착상합니다. 이것을 **배아**라고 하지요. 자궁벽에 자루처럼 생긴 **태반**이 형성되면 이 태반과 배아는 탯줄로 연결됩니다. 이때부터 배아는 척수, 근육, 뼈를 키우고 심장, 뇌와 같은 주요 기관을 만들기 시작하지요. 8주가 지나면 배아의 크기는 약 3센티미터가 되고 이제부터 배아는 '태아'라고 불리게 됩니다.

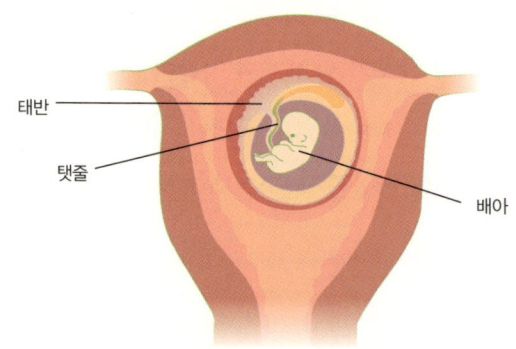

태반

탯줄

배아

9~24주

태아는 이제 엄마의 자궁 안에 막을 형성한 태반과 탯줄을 통해 모든 영양분과 산소를 공급받습니다. 조그만 팔다리가 생기고 근육이 자라나 자유롭게 움직일 수 있게 되지요. 16~17주가 되면 임신부 대부분이 태아의 움직임을 느끼게 됩니다. 또한 이 시기에 눈, 귀, 코, 입이 생기고 주요 기관도 모두 형성되지요. 이때 태아의 크기는 약 20센티미터정도입니다.

25～40주

태아는 점점 커지고 무거워지면서, 소리를 듣고 빛을 느끼는 능력이 생깁니다. 태아는 쉬지 않고 움직이고 태반 안에서 자세를 바꾸기도 하지요. 34주가 지나면 태아는 혼자서도 생존할 수 있게 됩니다. 즉 자궁 밖으로 나와서도 살 수 있을 정도로 성장하지요. 현대 의학이 발전하면서 인큐베이터와 의학의 도움을 받으면 23주째부터도 자궁 밖에서 생존할 수 있답니다.

알아두기

낙태의 대부분은 임신 12주 안에 이루어진다. 미국의 국제적인 연구 기간이자 교육 기관인 '구트마허 연구소(Guttmacher Institute)'의 연구 결과에 따르면, 2006년 미국에서 실행된 낙태 중 88퍼센트는 임신 12주 안에 이루어졌다. 또 영국 보건부에서 발표한 통계를 보면 2008년 잉글랜드와 웨일스에서 이루어진 낙태 중 90퍼센트가 임신 13주 전에 이루어졌으며, 그중 73퍼센트는 임신 10주 전에 이루어졌다.

낙태는 어떻게 이루어질까요?

낙태는 여러 가지 방법으로 할 수 있습니다. 낙태 방법을 선택하는 데 있어서 가장 중요한 요소는 임신을 한 지 얼마가 되었느냐이지만, 다른 요소들도 영향을 끼칩니다. 이를테면 각 나라의 병원과 의원마다 각기 선호하는 낙태 방법이 다르다는 것이지요. 의사의 판단이나 임신부의 건강, 또는 그밖의 이유로 특정한 낙태 방법을 택하기도 합니다.

하지만 낙태법도 나라마다 달라서 낙태 가능 시기를 제한하는 나라도 있고, 오로지 특정한 유형의 낙태만 허용하는 나라도 있으며 낙태를 전혀 허용하지 않는 나라도 있습니다.

합법적인 낙태는 내과 치료로 이루어지기도 하고 외과 수술로 이루어지기도 합니다. 내과 치료나 외과 수술 모두 메스꺼움, 출혈, 위경련 같은 부작용이 생길 수 있어요. 또한 많은 여성이 정신적 고통을 겪습니다. 낙태를 결정하는 것 자체가 쉽지 않은 일인 데다, 낙태 수술이 끝나면 임신부가 안도감을 느낄 수 있을지는 몰라도 상실감, 슬픔, 우울증이 동반될 수 있기 때문입니다.

현대 의학이 발달하기 전에는 루타(사진)나 기타 다른 식물 등의 약초로 만든 혼합물이 낙태약으로 널리 쓰였다.

내과 치료를 통한 낙태

내과 치료를 통한 낙태는 약물을 사용해 이루어집니다. 이러한 약을 '중절약'이라고 하지요. 이 방법에는 대개 외과 수술이나 마취약이 필요하지 않습니다. 물론 반드시 병원이나 허가를 받은 의원에서 처방받은 약물을 사용해야 하지요.

중절약은 임신 7~9주 이전에 복용해야 가장 안전하고 또 효과가 좋습니다. 이런 낙태 방법을 '약물에 의한 임신 초기 낙태(EMA)'라고 하지요. 임신 7~9주 이후에도 약을 복용할 수 있지만, 약 12주가 지나면 추가적인 치료가 필요하거나 입원해야 할 수도 있습니다.

중절약은 서로 다른 두 종류의 약으로 구성되어 있습니다. 두 종류의

사례탐구 중절약 미페프리스톤

1988년 프랑스에서 중절약 미페프리스톤이 임상 실험을 거쳐 사용 승인을 받았다. 이 중절약은 사용하기에 안전했고 외과 수술보다 간편하였으며 비용도 저렴했다. 하지만 프랑스와 미국의 낙태 반대 단체는 이 약이 낙태를 부추기게 될 것이라는 우려를 표했다. 그들은 중절약을 개발한 제약 회사의 다른 제품들까지 불매 운동을 벌이겠다고 위협했고 제약 회사 앞에서 시위도 했다. 낙태 반대 운동 단체의 압력으로 제약 회사는 중절약을 더 이상 유통하지 않겠다고 발표했다. 하지만 프랑스 정부는 제약 회사에 유통 중지를 철회하도록 했다. 당시 프랑스 보건부 장관은 공중보건을 우려하여 정부가 중절약을 승인했으므로 그 약은 "제약 회사의 재산일 뿐만 아니라 여성 윤리의 자산"이라고 말했다.

약을 같은 날 복용하기도 하고 며칠 간격을 두고 복용하기도 하지요. 보통 두 종류의 약을 모두 복용하면 곧바로 퇴원할 수 있어요. 첫 번째 약은 삼키는 알약 형태입니다. 이 약은 배아가 착상하는 데 적합하도록 자궁에 막을 형성하는 호르몬의 분비를 억제합니다. 두 번째 약은 첫 번째 약처럼 삼킬 수 있는 것도 있지만, 질에 삽입하는 형태가 더 많아요. 이 약은 자궁에 이미 형성된 막을 파괴하여, 월경 과다와 비슷한 출혈을 일으켜 막과 배아가 피와 섞여서 밖으로 나오게 합니다.

중절약 미페프리스톤의 개발자 에티엔느 에밀 볼리외 박사가 손에 자신이 개발한 약을 들고 있다. 이 약은 1988년에 프랑스와 중국에서 처음 사용 승인을 받은 뒤 1990년대 초반에 영국과 스웨덴에서 사용 승인이 났다. 2000년대 초반에는 미국과 대부분의 유럽 국가는 물론, 러시아에서도 사용할 수 있게 되었다. 이렇게 전 세계적으로 중절약을 이용하는 사람이 늘고 있지만, 여러 나라의 낙태 반대 운동 단체는 윤리와 건강을 이유로 이 약의 유통 금지 운동을 벌이고 있다.

외과 수술을 통한 낙태

외과 수술을 통한 낙태는 병원 또는 허가를 받은 의원의 수술실에서 이루어집니다. 이 수술을 할 때는 부분 또는 전신 마취를 해야 하지요. 부분 마취는 말 그대로 몸의 일부를 마비시키므로 환자는 수술 중에 깨어 있게 됩니다. 반면에 전신 마취를 하면 환자는 의식이 없는 상태에서 수술을 받게 되지요.

흡인법

가장 일반적으로 사용되는 낙태 수술 방법은 자궁 진공 흡인법입니다. 이 방법은 임신 12주가 넘지 않아야 가능하지요. 자궁 진공 흡인법은 얇은 흡입관과 수동 펌프(MVA) 또는 전동 펌프(EVA)로 배아나 태아 그리

낙태 수술을 하기 전에는 건강 상태를 점검하고, 수술 과정과 혹시 발생할지 모를 위험 요인이나 합병증에 대해 이야기해 줄 의사나 다른 의료 전문가와 신중하게 의논해야 한다.

고 태반을 흡입해서 제거하는 수술이에요. 이 수술은 부분 또는 전신 마취 후에 이루어지며, 보통 10~15분 정도 걸립니다. 수술을 받은 지 1~2시간이 지나면 퇴원이 가능하지요.

확장 흡인술

임신 13~24주에 가장 자주 사용되는 낙태 수술 방법은 확장 흡인술입니다. 흡인법과 비슷하지만, 시간이 좀 더 오래 걸리지요. 확장 흡인술을 할 때는 대개 전신 마취를 하고, 자궁 경부를 확장시키는 약을 먹어요. 또한 태아를 제거하기 위해 흡인관뿐만 아니라 추가로 겸자라는 기구를 사용하기도 하지요. 만약 임신 20주가 넘었다면, 수술 하루 전에 태아의 심장 박동을 멈추게 하는 주사를 맞아야 합니다.

낙태 수술 뒤에는 출혈과 위경련 증상이 나타날 수 있습니다. 전신 마취가 풀린 뒤에 어지러움과 메스꺼움을 호소하는 사람도 있지요. 그래서 제대로 된 시설을 갖춘 병원에서 수술을 받아야 안전하지요. 하지만 다른 수술과 마찬가지로 합병증이 생길 가능성은 항상 존재한답니다. 낙태 수술로 인한 합병증으로는 자궁 경부 감염이나 손상 등이 있어요.

또한 낙태 방법에 상관없이, 모든 낙태 시술 뒤에는 건강 검진을 해야 합니다. 낙태가 성공적으로 이루어졌는지 확인하고, 앞으로 계획하지 않은 임신을 피할 방법을 알아야 하기 때문이지요.

위험한 낙태

여성들이 중절약이나 낙태 수술을 안전하게 접하기 어려운 나라도 있습니다. 수술 비용이 너무 비싸거나 낙태가 불법이기 때문이지요. 이런 나라에서 원하지 않은 임신을 하게 된 임신부는 위험을 무릅쓰고 불법 낙태를 감행하기도 합니다. 이로 인해 건강에 심각한 문제가 발생하거나 심지어는 사망에 이를 수도 있는데 말이에요.

스스로 낙태를 시도하는 임신부들 중에는 효과가 입증되지 않은 여러 물질을 사용하기도 합니다. 가정용 표백제나 **테레빈유** 또는 약초나 특정한 식물로 만든 차, 심지어 가축의 배설물을 마시거나 불법으로 구한 여러 종류의 약을 아무런 처방 없이 복용하지요. 또 복부에 심한 충격을 가하기도 한답니다.

또 어떤 임신부들은 무허가 낙태 시설을 찾아가기도 합니다. 하지만 무허가 시설은 위생 상태를 보장할 수 없어요. 그들이 사용하는 약물은 물론 수술 도구 역시 안심할 수 없지요.

낙태를 결심한 여성들은 첫 번째 시도가 실패하더라도 계속해서 다른 방법으로 낙태를 시도합니다. 낙태에 실패하게 되면 임신부들은 처음 시도한 방법보다 더욱더 확실한 방법을 찾으려고 하기 때문에 점점 더 위험한 낙태 방법을 선택하게 되지요. 그래서 더욱 끔찍한 상황에 이를 수 있어요. 치료가 필요해도 불법으로 낙태를 시도한 것이 밝혀져 처벌받거나 감옥에 가게 될지도 모른다는 두려움 때문에 병원에 갈 엄두를 내지 못하지요.

간추려 보기

- 낙태는 자궁에 있는 태아의 성장을 멈추게 하는 수술이다.
- 낙태는 태아의 성장 단계에 따라 여러 가지 방법으로 이루어진다.
- 낙태를 안전하게 할 수 없는 여성들은 종종 위험을 무릅쓰고 불법 낙태를 시도한다.

2
CHAPTER

낙태법의 역할

어떤 형태의 낙태라도 모두 법의 대상이 되며, 낙태법은 나라마다 다릅니다. 낙태를 범죄로 규정하는 나라도 있고, 언제 어떤 상황에서 낙태할 수 있는지에 대한 범위에 제한을 두는 나라도 있지요. 일반적으로 한 나라의 법은 그 나라의 전통적, 사회적, 도덕적 가치를 반영하고 또 강화합니다. 낙태법의 경우는 특히 더 그렇지요.

여성들이 낙태를 선택하는 이유는 주로 원하지 않는 시기에 임신하게 된 경우입니다. 낙태를 선택했다고 해서 그들이 임신 자체를 거부하는 것은 아닙니다. 그저 지금 당장 아이를 낳는 것이 감당하기 어려운 상황이기 때문이지요. 만약 그들이 육체적, 정서적, 경제적으로 아이를 돌볼 수 있는 상황이라면, 아이를 낳을지도 모릅니다. 하지만 현재 양육을 도와줄 가족이나 배우자가 없는 독신 여성이거나 너무 어리거나 경제적으로 힘들어서 또는 육체적, 내면적으로 아이를 키울 수 없는 상황이기 때문에 낙태를 선택하게 되지요.

미혼 여성이 임신하게 되었을 때를 생각해 볼까요. 아직 졸업하지 못한 학생이라면 학업을 계속 이어 갈 수 없게 되고, 직장 여성이라면 일을 계속할 수 없게 될 수 있지요. 또한 실망하게 될 가족들과 주변 사람들의 시선이 두려울 수 있어요. 그래서 낙태를 생각하게 된답니다. 성폭행이나 근친상간으로 임신이 되었거나 기혼 여성이더라도 더 이상 아이를 원하지 않을 경우 여성들은 낙태를 생각합니다. 때로는 자신의 의지와 상관없이 가족이나 상대 남성으로부터 낙태를 강요받기도 하지요.

하지만 낙태를 결정하는 이유가 무엇이든 그 결정을 어떻게 실행에

옮길지는 전적으로 그 여성이 살고 있는 나라와 그 나라의 법에 달려 있습니다.

나라마다 다른 낙태법

어떤 형태의 낙태라도 모두 법의 대상이 되며, 낙태법은 나라마다 다릅니다. 낙태를 범죄로 규정하는 나라도 있고, 언제 어떤 상황에서 낙태할 수 있는지에 대한 범위에 제한을 두는 나라도 있지요. 일반적으로 한 나라의 법은 그 나라의 전통적, 사회적, 도덕적 가치를 반영하고 또 강화합니다. 낙태법의 경우에는 특히 더 그렇지요. 하지만 낙태법도 다른 법과 마찬가지로 여론이나 운동 단체, 각종 기관의 압력으로 바뀔 수 있습니다. 또 판사가 특정 사건에 내리는 판결이나 나라 전체의 인식 변화로 바뀌기도 하지요.

나라와 상황에 따라 적용되는 낙태에 대한 법적인 규정은 다음과 같은 것들이 있습니다.

- 어떤 이유에서든지 낙태 금지
- 임신이나 출산이 임신부의 생명을 위태롭게 할 때 낙태 허용
- 임신이나 출산이 임신부의 신체 건강을 해칠 때 낙태 허용
- 임신이나 출산이 임신부의 정신 건강을 해칠 때 낙태 허용
- 성폭행이나 근친상간으로 임신했을 때 낙태 허용
- 태아에 심각한 신체 또는 정신적 장애가 있는 것으로 판단될 때 낙태 허용

알아두기

낙태를 허용하는 다양한 기준

구트마허 연구소가 발표한 논문을 보면, 전 세계 나라 중 3분의 1이 매우 엄격한 낙태법을 시행하고 있다. 특히 이런 낙태법을 시행하는 나라들은 대부분 개발 도상국에 속하며, 그중 3분의 2는 낙태를 무조건 금지하고 있다. 반면에 매우 엄격한 낙태법을 적용하는 나라 중에서도 36개국은 임신부의 생명이 위태로울 때에 한해서는 낙태를 허용하고, 몇몇 나라는 범죄에 의해 임신했을 경우에도 낙태를 허용하고 있다.

그외 매우 엄격한 낙태법을 시행하지 않는 나라 중 59개국은 임신부의 생명뿐만 아니라 건강이 위태로운 때에도 낙태를 허용한다. 이런 나라 중에서 23개국은 임신부의 정신 건강이 위태로운 경우에도 낙태를 허용하고 있다. 또많은 나라가 성폭행으로 임신한 경우나, 태아에게 장애가 있을 때도 낙태를 허용한다.

더욱 진보적인 14개국은 위와 같은 상황에 더하여 임신부가 어리거나 경제적으로 어려운 상황일 때에도 낙태를 허용한다. 그밖의 56개국은 낙태를 거의 규제하지 않고 있다. 다만 10대의 미혼 임신부에게는 부모의 동의 또는 의사 두 명 이상에게서 낙태가 필요하다는 확인을 받는 방식으로 제한을 두고 있다.

우리나라는 1995년부터 낙태 수술을 원칙적으로 금지하고 있다. 따라서 법령에서 정하는 사유가 있는 경우에만 낙태가 허용되며, 그 외의 사유로 낙태했을 때는 낙태 수술을 받은 여성과 함께 낙태 수술을 시행한 의사 모두 처벌받게 된다. 우리나라에서 낙태를 허용하는 경우는 임신부 본인이나 배우자에게 특정 질환이 있어서 그 질환이 태아에게 심각한 영향을 미칠 수 있을 때, 혹은 임신의 지속이 임신부의 건강을 해칠 우려가 있는 경우와 성폭행으로 임신이 되었을 때다.

- 임신부의 나이가 어리거나 경제적으로 어려움이 있을 때 낙태 허용
- 임신 말기가 아니라면 무조건 낙태 허용

찬성 vs 반대

낙태법이 시행되고 있는 나라의 낙태율은 낙태법을 시행하지 않은 나라의 그것들과 비슷하거나 훨씬 높다. 하지만 낙태법을 시행하는 나라에서 이루어지는 낙태는 하나같이 위험하다.

– 켈리 컬웰 2009년, **국제가족계획연맹(IPPF)의 낙태 상담자**

국가의 고귀한 목표 가운데 하나는 태어나거나 아직 태어나지 않은 모든 아이를 법으로 보호하고 기쁘게 맞이하는 것이라고 생각한다.

– 조지 W. 부시 2000년, **보스턴에서 열린 대통령 선거 토론에서**

저마다 다른 환경

나라마다 낙태법이 다르듯이 낙태법을 시행하는 방식과 임신부가 낙태할 수 있는 환경도 매우 다양합니다. 아일랜드와 같이 낙태법이 엄격한 몇몇 나라에서는 낙태할 수 있는 의료 시설조차 허용하지 않고 있어요. 하지만 임신부가 다른 나라에 가서 낙태하는 것은 허용하고 있지요. 반면에 필리핀과 같은 몇몇 나라에서는 낙태법을 어긴 여성에게 **금고형**을 선고하기도 한답니다.

경제력이 높은 호주, 캐나다, 일본, 미국과 대부분 유럽 국가에서는 낙태에 관한 법이 꽤 관대하다. 하지만 반드시 충족되어야 하는 특정한 조건을 포함하고 있다. 호주나 미국 같은 나라에서도 낙태에 관한 법은 주마다 상당한 차이가 있다.

낙태가 합법이어도 사회적으로는 받아들여지지 않는 나라들도 있습니다. 종교적인 믿음이나 전통적 가치관 때문이지요. 이런 분위기에서 임신부는 낙태 수술을 받는 데 필요한 정보를 얻기가 어렵고, 남편이나 가족의 반대에도 부딪치게 됩니다. 의사와 의료 기관 종사자들이 윤리적인 이유로 낙태 수술을 거부하는 일도 있지요.

선진국과 개발 도상국 간 빈부의 차이

영국에서는 의료 보장 제도를 통해 낙태 수술을 무료로 받을 수 있습니다. 그런가 하면 미국 대부분 주에서는 낙태 수술비를 개인이 부담해야 하지요. 하지만 수술 비용을 정부가 부담하든 개인이 부담하든, 선진국에서는 제대로 된 수술 기구를 갖춘 청결한 곳에서 훌륭한 의료진에 의해 수술이 안전하게 이루어지고 있어요.

반면에 개발 도상국에서는 상황이 다릅니다. 개발 도상국에는 안전하게 수술을 할 수 있는 병원은 물론 수술 기구와 숙련된 의료진마저 부족한 실정이에요. 심지어 합법적인 낙태 비용도 매우 비싸서 대부분의 여성들이 수술비를 감당할 수 없을 정도이지요.

낙태가 불법인 나라에서도 경제력은 여성이 낙태를 결정하는 데 아주 큰 영향을 미치고 있습니다. 경제력이 있는 여성이라면 자기 나라에서든 외국에서든 전문 의사에게 낙태 수술을 받을 수 있지요.

남아프리카공화국 요하네스버그에서 파티를 즐기는 젊은 여성들. 1996년 남아프리카공화국은 낙태에 대해 엄격하던 규제를 완화했다. 임신 13주 이내에는 무조건 낙태할 수 있고 특별한 사정이 있다면 임신 20주까지 낙태할 수 있도록 했다. 새 법이 시행된 이후 남아프리카공화국에서는 불법 낙태 수술로 인한 부상자와 사망자 수가 크게 줄어들었다.

멕시코의 32개 주는 각기 다른 낙태법을 제정하고 있다. 단 여성이 성폭행으로 임신했을 경우는 모든 주에서 똑같이 낙태를 합법화하고 있다. 또한 3개 주를 제외한 나머지 주에서는 임신부의 생명이 위태로울 때도 합법적으로 수술이 가능하다. 그리고 절반 정도의 주에서는 태아에게 치명적인 장애가 있을 때에도 합법적으로 수술을 할 수 있다. 하지만 멕시코는 국민 대부분이 가톨릭 신자이기 때문에 낙태를 사회 윤리적으로 부적절하다고 여기는 인식이 높다. 그래서 현실적으로 합법적인 낙태 수술을 받는 것이 거의 불가능하여, 매년 멕시코 여성 80만 명 이상이 불법으로 낙태 수술을 받는 것으로 추정되고 있다.

2007년 멕시코시티 연방 특별구에서는 임신 12주까지는 어떤 경우에든 임신부가 원하면 낙태를 허용하기로 했다. 멕시코시티에 거주하는 여성이라면 누구나 국립 병원에서 무료로 낙태 수술을 받을 수 있게 된 것이다. 또한 멕시코시티에서는 다른 지역에 사는 여성뿐만 아니라 라틴아메리카에 사는 여성이라면 누구나 약간의 비용만 내면 안전하게 낙태 수술을 받을 수 있도록 했다. 이에 낙태 반대 운동 단체들은 멕시코시티의 새 법이 헌법에 어긋나며 낙태법 개정은 멕시코시티 정부의 권한을 벗어난 일이라고 주장했다. 또한 멕시코시티의 국립 병원에서 일하는 의사 중 몇몇은 양심의 가책을 이유로 낙태 수술을 거부했다.

2008년 멕시코 대법원은 여러 시민 단체의 거센 항의에도 낙태가 헌법의 취지에 맞다고 판결했고, 그 이후로 계속해서 낙태를 허용하도록 했다. 하지만 멕시코의 다른 여러 주는 법을 바꾸었고 그 지역에 사는 여성들은 합법적으로 낙태하기가 한층 어려워졌다.

하지만 경제력이 없는 여성은 불법적이고 위험한 방법으로 낙태 수술을 받을 수밖에 없습니다. 그런 경우 생명이 위태로워지거나 건강에 문제가 생기는 경우가 많아요. 그리고 지금 이 시간에도 세계 곳곳에서는 합법이든 불법이든 낙태가 이루어지고 있기 때문에 이에 따른 문제들도 계속 발생하고 있답니다.

알아두기

세계보건기구(WHO)와 구트마허 연구소의 발표에 따르면, 낙태를 법으로 제한하는 그 자체는 낙태 발생률에 영향을 주지 않는다. 낙태가 불법인 아프리카에서는 1,000명 중 29명꼴로 낙태를 하는 반면, 낙태가 합법인 유럽에서는 1,000명 중 28명꼴이라는 통계를 통해 알 수 있다.

간추려 보기

• 여성이 낙태하는 이유는 매우 다양하다.
• 낙태는 법적 대상이며, 그 법은 나라마다 다르다.
• 낙태가 합법이라고 해서 항상 안전하게 이루어지는 것은 아니다.
• 낙태가 합법적으로 가능하지 않을 때 여성들은 종종 위험하고 불법적인 방법을 선택한다.

3

CHAPTER

의료 보장과 사회 복지

일반적으로 낙태를 합법적으로 할 방법이 없어서 가장 고통받는 사람은 어린 소녀나 가난한 가정 또는 가난한 나라의 여성들입니다. 이들 대부분은 임신을 피할 방법에 대해 제대로 교육받지 못했고, 잘 알지도 못해서 낙태를 해야 할 상황에 처하게 되는 일이 많기 때문이지요.

낙태 합법화를 찬성하는 사람들이 내세우는 주요 근거 가운데 하나는 위험을 무릅쓰고 불법적으로 이루어지는 낙태가 여성들의 건강에 악영향을 끼친다는 것입니다. 세계에서 이루어지는 낙태의 거의 절반이 불법 낙태이기 때문이지요.

위험한 낙태 수술이 미치는 영향

일반적으로 낙태를 합법적으로 할 방법이 없어서 가장 고통받는 사람은 어린 소녀나 가난한 가정 또는 가난한 나라의 여성들입니다. 이들 대부분은 임신을 피할 방법에 대해 제대로 교육받지 못했고, 잘 알지도 못해서 낙태해야 할 상황에 처하게 되는 일이 많기 때문이지요. 또한 이들은 충분한 영양 섭취나 의료 제도의 혜택을 누리지 못해 건강 상태 역시 좋지 못합니다. 이미 출산한 아이들을 부양하느라 힘겹게 일해야 하는 여성들과 성폭행이나 다른 강제적인 성관계로 임신하게 된 경우에도 합법적으로 낙태할 방법이 없으면 고통받기는 마찬가지이지요.

매년 약 500만 명에 이르는 여성이 위험한 낙태 수술로 인한 합병증으로 병원에 입원하고 있습니다. 또한 매년 67,000명의 여성이 위험한 낙태 수술로 사망에까지 이르고 있다고 합니다. 이는 시간당 약 7명이 사망하는 셈이지요. 그밖에도 심각한 부작용과 불임 등으로 고통받게 된답니다.

위험한 낙태로 금전적인 손해를 입기도 합니다. 잘못된 수술로 인하여 부작용이 생기면 더 큰 비용을 들여 치료를 받아야 하니까요. 특히 개발 도상국에서는 적절한 치료를 받을 수 있는 병원이 적어 이런 상황에 놓인 여성들에게 더 큰 부담으로 작용하고 있지요.

불법적인 낙태 수술로 몸에 심각한 문제가 생겼다 하더라도 여성들은

케냐 나이로비에서 활동하는 이 자선 단체는 어린 소녀들이 직업 능력을 키울 수 있도록 도와주고 있다. 케냐의 낙태법은 엄격하게 규제되어 있어서 임신부의 3분의 1 이상이 불법 낙태 수술을 받다가 사망하고 있다. 그중 일부는 성폭행을 당했거나 가족을 부양하기 위해 어쩔 수 없이 매춘을 한 10대 소녀들이다. 매년 세계 어린이 약 22만 명이 불법 낙태 수술 때문에 어머니를 잃고 있다. 그 결과 이러한 환경에 놓인 어린이 대부분이 전보다 훨씬 가난한 삶을 살고 있다. 또한 의료 보장 제도와 사회 복지 제도의 혜택을 받지 못해 고통을 겪고 있으며, 성인이 되기도 전에 목숨을 잃는 경우도 많다.

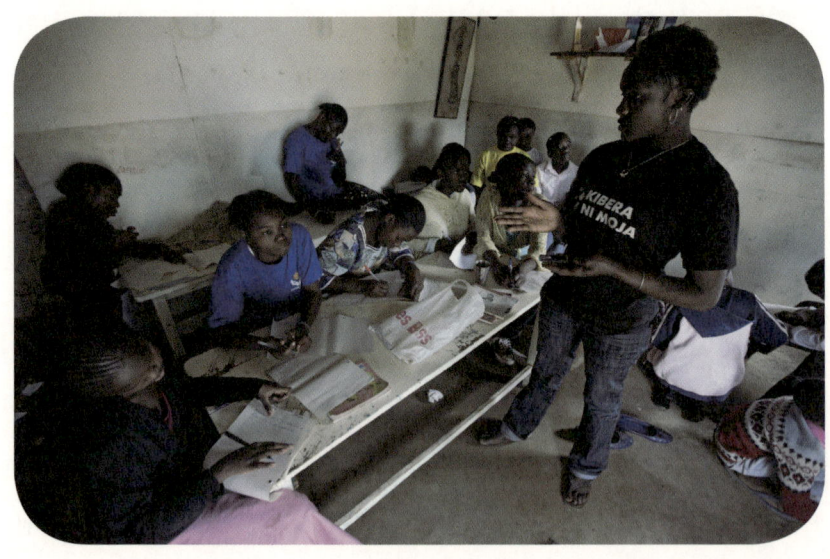

병원에 가서 정상적인 치료를 받으려 하지 않습니다. 불법으로 낙태 수술을 받았다는 이유로 고발당할지 모른다는 불안감에 병원에 갈 엄두조차 내지 못하는 것이지요. 그러다가 건강이 더욱 악화되어 결국에는 치명적인 병을 앓게 되기도 합니다. 무료로 이용할 수 있는 공공 보건 서비스가 적거나 아예 없는 나라에 사는 여성들은 대부분 수술 사고가 나더라도 치료를 받을 형편이 못 됩니다. 그래서 그저 고통을 참고 견딜 수밖에 없어요. 그러다 보면 결국 일을 할 수 없게 되고, 생계조차도 꾸릴 수 없게 되지요.

불평등한 위험

낙태 반대자들은 수술을 안전하게 하든 그렇지 않든 낙태 수술 그 자체가 여성의 건강을 위협한다고 주장합니다. 실제로 낙태를 위한 내과 치료나 외과 수술에는 모두 위험 요소가 따르지요. 하지만 통계를 보면 숙련된 의료진이 위생적인 환경에서 최신 의료 기구로 올바르게 낙태를 한다면, 낙태로 인한 또 다른 위험은 거의 발생하지 않는다고 합니다. 특히 임신 2개월 이내에 수술이 이루어진다면 더욱 안전하다고 해요.

물론 임신 자체가 엄마와 태아에게 모두 위험이 따르는 것 또한 사실입니다. 세계보건기구에 따르면 매년 여성 50만 명이 낙태 수술이나 임신과 출산으로 건강에 문제가 생겨 사망한다고 합니다. 그밖에 임신부가 사망하는 원인으로는 심한 출혈, 감염, 고혈압 또는 태아의 크기나 잘못된 자세로 인한 난산 등이 있어요. 하지만 이러한 임신부 사망 대부분은 산부인과 시설이 거의 없는 개발 도상국, 특히 아시아와 아프리카 일부 국가에서 발생합니다. 낙태 수술 또한 낙태가 금지되거나 제한된 개발 도상국에서는 대부분 불법적으로 위험하게 이루어지지요. 선진국의 약 3분의 2 정도가 합법적인 낙태 시설을 충분히 제공하는 반면에 개발 도상국 중에는 그런 나라가 4분의 1도 안 된다고 해요.

선진국에서는 임신이나 출산으로 인한 사망률이 1만 명 중 1명 이하입니다. 또한 낙태 수술과 관련한 문제로 사망하는 임신부는 거의 없지요.

찬성 VS 반대

어디에 사느냐와 관계없이 안전하고 합법적인 낙태는 여성의 기본 권리이다. 오늘날 위험한 낙태 수술로 발생하는 사망의 가장 근본적인 원인은 출혈이나 감염이 아니라 여성에 대한 경멸과 무관심이다.

　　　　　　　　　　－〈랜싯 The Lancet〉지의 성과 생식 건강 시리즈 중 2006년

위험한 의학적 문제가 생겼을 때 항상 염두에 두어야 할 점은 치료와 보살핌이 필요한 대상이 임신부 한 명이 아니라 두 명이라는 사실이다. 아직 태어나지 않은 아이의 생명도 엄마의 생명과 마찬가지로 존엄하며, 어떤 생명의 가치가 다른 생명의 가치보다 우위에 있을 수는 없다.

　　　　　　　　　　　　　　　－토마스 올름스테드 주교 2010년

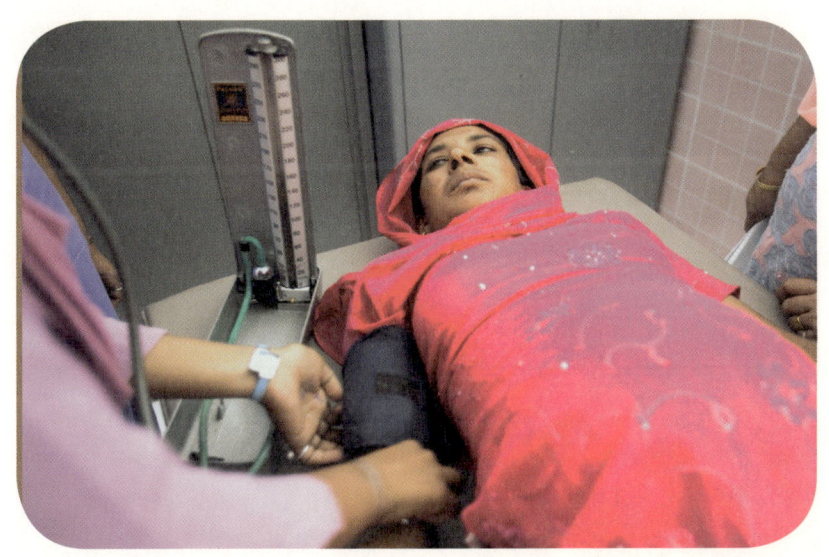

인도의 한 임신부가 진료소에서 검진을 받고 있다. 낙태 찬성론자와 반대론자 모두 개발 도상국의 여성들에게 더 나은 보건 서비스를 제공하는 것이 절박하다는 점은 인정하고 있다. 특히 개발 도상 국의 어린 소녀들이 심각한 위험에 노출되어 있기 때문이다. 세계적으로 열다섯 살에서 열아홉 살 사이의 소녀 약 70만 명이 임신이나 출산과 관련된 문제로 사망하고 있다. 임신부의 사망률 또한 출산 횟수가 늘어나는 만큼 증가하고 있다.

여성의 건강을 위해 할 수 있는 일

국립 병원이나 진료소에서 합법적으로 낙태 수술이 이루어져야 한다고 주장하는 사람들은 낙태 수술로 일어나는 2차 피해 발생률에 대해 끊임없이 언급하고 있습니다. 그들은 낙태를 불법화한다고 해서 여성들이 낙태를 포기하는 것은 아니라고 말해요. 오히려 여성들이 안전하게 낙태 수술을 받지 못하면서 엄청난 비용까지 지불하게 된다는 것입니다. 또한 수술이 잘못되었을 때조차도 적절한 치료를 받을 수 없어 여성들의 건강을 더욱 해치게 된다고 주장하지요.

낙태 합법화를 지지하는 사람들은 임신 초기에 낙태 수술을 안전하게 받는다면 임신부의 사망이나 부상을 줄일 수 있다고 말합니다. 그들은 약물을 사용하거나 수동 펌프로 흡인하는 낙태는 고가의 의료 기구가 필요하지도 않기 때문에 지역의 작은 진료소에서도 숙련된 의료진이 충분히 시술할 수 있다고 말하고 있습니다. 그렇게 하면 가난한 지역에 사

사례탐구 인도 여성들

위험한 낙태에 대한 해결책은 단순히 낙태를 합법화하는 것이 아니다. 낙태가 합법인 나라라고 해서 전부 낙태를 안전하게 할 수 있는 것은 아니기 때문이다. 예를 들어 인도는 이미 1971년에 낙태를 합법화했다. 하지만 자원이 부족하고 인구가 많아 전국적으로 안전한 의료 서비스를 제공하지 못하고 있다.

공중 보건 서비스가 부족한 인도에서는 개인이 운영하는 낙태 시술 병원이 많고, 그러한 곳에서는 비용을 높게 청구하고 있다. 국립 병원이 있긴 하지만 비위생적이고 의료 기구와 약물의 수량 역시 턱없이 부족한 실정이다. 그런데 그러한 비위생적인 국립 병원조차도 대부분 도시에 있어서 인도 여성의 70퍼센트를 차지하는 시골 지역 거주 여성들은 그 혜택마저도 받지 못하고 있다.

또한 인도에서는 사회 인식 때문에 많은 여성들이 낙태를 자신의 의지대로 하지 못하고 있다. 많은 낙태 시술 기관이 미혼 여성이나 아직 자녀가 없는 유부녀에게는 수술을 거부하고 있기 때문이다. 혹은 남편이나 남자 가족의 동의를 요구하는 기관도 있다. 이런 제안들이 법으로 규정된 사항도 아닌 데도 말이다.

는 여성들의 건강에도 큰 도움이 될 수 있다고 말이지요.

하지만 낙태 합법화 지지자들 역시 낙태만이 여성의 유일한 선택 사항은 아니라는 것을 인식하고 있습니다. 그래서 가장 시급한 일은 모든 여성과 부부에게 적절한 **피임** 방법과 철저한 **가족계획**에 대해 충분한 조언과 안내를 하는 것이 우선이라고 말하고 있지요. 그리고 임신을 원하는 여성에게는 임신부의 몸 관리 방법을 알려 주는 일 또한 중요하다고 주장합니다.

사회적으로 용인되는 잘못

낙태 반대자들은 가족계획 때문에 낙태를 합법화하는 것은 잘못된 주장이라고 말합니다. 그것은 윤리적으로 잘못된 것을 사회가 용인하는 일이라고 주장하지요. 낙태 반대자들은 사회가 낙태를 용인하면 계획하지 않은 임신을 하게 된 여성들이 너무 쉽게 낙태를 선택하게 될 것이라고 우려하고 있습니다. 또한 낙태를 원하지 않는 여성들도 낙태를 강요받을 수 있다고 말합니다.

낙태 반대자들은 낙태가 합법화되더라도 여성들 스스로 낙태를 선택할 권리를 갖지 못할 수 있다고 말합니다. 그들이 미혼모이거나 임신으로 직장을 잃게 될 경우에 가족이나 배우자가 낙태를 바랄 수도 있기 때문이지요. 그래서 낙태 반대자들은 낙태 수술보다 임신부를 돕는 보건 서비스와 부모가 원하지 않을 때 태어난 아이들을 돌보는 복지에 투자해야 한다고 주장합니다. 또한 임신부의 사망과 질병에 대한 해결책은 낙태를 안전하게 하는 것이 아니라 원하지 않는 임신을 하지 않도록 하는

2009년 워싱턴에서 미국의 낙태 반대 운동가들이 조지 틸러 살해 사건을 규탄하는 기자 회견을 열고 있다. 조지 틸러는 캔자스 주에서 여성을 위한 진료소를 운영하던 의사였다. 특히 임신 후기에 낙태 시술을 하는 의사로 알려져 있었다. 그는 낙태 반대자들의 위협을 받아오다가 2009년 6월 교회에 가던 길에 총상을 입고 사망했다. 낙태 논쟁은 이렇게 극단적인 사건으로 치달을 수도 있다. 당시 조지 틸러의 병원은 공격을 당했고, 그의 병원에 있던 다른 의료진도 협박을 당하거나 총상을 입었다.

것이라고 말합니다. 그리고 낙태가 윤리적으로 나쁘다는 데 동의한다면 어머니의 역할을 장려하고 모든 아이의 생명권을 보장해야 하며 아버지와 가족, 기업, 사회가 모두 힘을 합쳐 여성과 아이들을 정서적, 재정적으로 지원하도록 해야 한다고 주장하고 있지요.

피임

낙태에 대한 견해가 어떠하든 최선의 해결책은 애초에 원하지 않은 임신을 피하는 것이라는 데는 대부분 동의할 것입니다. 하지만 현재로서는 임신을 피하는 방법이 몇 가지밖에 없습니다. 대부분의 사람들이 임신을 피하기 위해 피임을 하지만 피임에 100퍼센트 성공할 수는 없기 때문이지요. 또 자신의 의사와 관계없이 성관계를 강요받는 여성들의 경우에는 피임 여부와 관계없이 임신을 방지하지 못합니다.

사실 임신을 피하는 완벽한 방법이 두 가지 있습니다. 성적인 관계를 전혀 맺지 않는 방법과 남성과 여성 모두 영구적으로 더 이상 임신할 수 없도록 **불임 수술**을 받는 방법이지요. 하지만 아주 드물게는 불임 수술도 임신을 100퍼센트 막지 못하는 경우가 있다고 해요.

그밖의 피임 방법은 모두 실패할 가능성이 있습니다. 피임을 얼마나 주의 깊게 하느냐에 따라 실패 위험은 커지거나 줄어들지요. 한 예로 **피임약**은 가장 믿을 만한 현대식 피임법의 하나로, 거의 100퍼센트 믿을 수 있습니다. 단, 여성이 피임약 복용을 잊지 않는다면 말이에요.

어떤 종류의 피임법이 있는지 파악한 뒤에, 자신에게 가장 알맞은 피임법을 선택해서 실패하지 않고 사용할 수 있는 방법을 배우는 일은 가족계획 과정의 일부입니다. 가족계획의 나머지 부분은 피임이 실패하거나 피임하지 않았을 때, 혹은 여성이 뜻밖에 임신을 했을 경우 벌어진 상황을 받아들이는 거예요. 즉 낙태할 것인지 말 것인지 결정하는 것을 의미하지요.

산아 제한

지난 100년 동안 **산아 제한**에 대한 사회의 인식이 크게 바뀌었습니다. 하지만 산아 제한을 할 수 없는 사람들은 여전히 많아요. 전 세계 어디에서나 산아 제한이 가능해야 한다고 주장하는 사람들은 산아 제한의

한 방법으로 낙태를 찬성하고 있어요. 적어도 임신 초기 단계에 한해서 말이에요. 그들은 여성 스스로 자녀의 수를 결정할 수 있을 때, 여성과 그 가족의 건강과 복지를 향상시킬 수 있다고 주장하고 있어요. 여성들이 잘못된 낙태 수술로 죽거나 다치기도 하지만, 잦은 출산 역시 여성의 건강과 재정에 심한 부담을 주기 때문이라고 말하지요.

하지만 산아 제한과 피임을 찬성하는 사람이라고 해서 모두 낙태의 필요성을 받아들이는 것은 아닙니다. 그들은 피임이 널리 더 효과적으로 사용되어서 낙태의 필요성이 줄어들기를 바라고 있어요. 피임이 어렵거나 충분히 활용되지 않는 지역에서는 특히 더 그렇답니다.

산아 제한과 피임에 반대하는 사람들은 **콘돔**, 피임약, **자궁 내 피임기구**(IUD)와 같은 인위적인 피임법이 사람들에게 성관계를 부추겨 오히려 임신 발생률을 높인다고 말합니다. 일부 낙태 반대자들은 자유로운 피임이 출산을 거부하는 풍조를 유발함과 동시에 피임 실패가 낙태에 대한 변명이 될 수 있는 사회적 인식이 생길 수 있다고 말합니다.

양심에 따를 권리

때때로 의사나 간호사는 자신의 윤리적인 기준에 따라 낙태를 반대하기도 합니다. 낙태가 합법일지라도 그들은 양심을 거슬러 가며 낙태 수술을 해서는 안 된다는 판단하에 수술 요청을 거절하지요. 심지어 어떤 의료진은 낙태를 할 수 있는 다른 병원에 대한 정보나 조언조차 건네지 않습니다.

예를 들어 영국에서는 의사나 간호사가 낙태 수술을 거절하는 것이 일반적으로 허용됩니다. 대신 임신부를 도와줄 다른 의사를 추천해 주어야 하지요. 미국의 일부 주에서는 의사나 의료진, 심지어 약사까지도 개인의 신념에 따라 피임이나 낙태 진료를 거절할 권리가 보장됩니다.

간추려 보기

- 위험한 낙태 수술로 매년 수천 명의 여성이 사망하거나 부작용으로 고통받고 있다. 낙태 수술을 안전하게 받을 수 없는 가난한 어린 소녀들과 여성들의 실상은 참혹하다.
- 낙태 찬성자들은 낙태 수술이 합법화되면 불법적으로 위험하게 행해지는 낙태 수술로 인한 사망과 부상이 줄어들 것이라고 주장한다.
- 피임과 산아 제한이 누구에게나 가능해진다면 낙태의 필요성은 줄어들 것이고 임신부와 그 가족의 건강과 복지는 향상될 것이다.

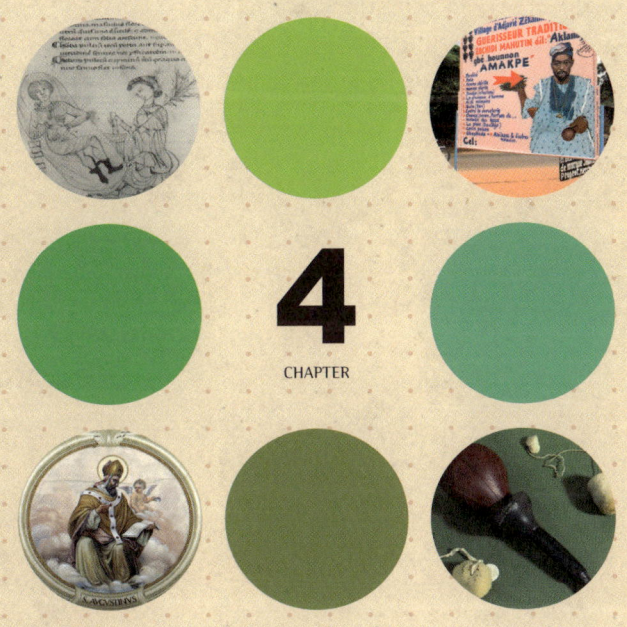

4

CHAPTER

낙태의 역사

낙태는 우리가 살고 있는 현대에 일어난 새로운 문제가 아닙니다. 아주 오랜 옛날인 고대 시대부터 낙태는 행해져 왔어요. 그때는 마취약이나 고통을 완화해 줄 별다른 방법이 없었고, 세균이나 감염에 대한 지식도 없었어요. 그래서 낙태 수술은 매우 위험하고 고통스러운 수술이었지요.

낙태

낙태는 우리가 살고 있는 현대에 일어난 새로운 문제가 아닙니다. 아주 오랜 옛날인 고대 시대부터 낙태는 행해져 왔어요. 그때는 마취약이나 고통을 완화해 줄 별다른 방법이 없었고, 세균이나 감염에 대한 지식도 없었어요. 그래서 낙태 수술은 매우 위험하고 고통스러운 수술이었지요.

고대 학자들의 기록을 보면 태아의 성장이나 태아가 '살아 있는' 존재인지 아닌지에 대해서는 언급하고 있지만, 실제 여성의 몸 안에서 무슨 일이 벌어지는지에 대해서는 기록된 게 없습니다.

낙태에 관해 기록된 오래된 문서 중 하나는 이집트에서 발견된 것으로, 지금으로부터 약 3,500년 전 파피루스에 기록된 것입니다. 고대 그리스와 로마도 낙태에 관한 기록을 남겼지요. 현대 의학의 아버지로 불리는 그리스 의사 히포크라테스는 약물 사용을 반대했지만, 유산이 되길 바란다면 제자리에서 뛰라고 조언했다는 기록도 남아 있습니다.

낙태 수술에 외과 수술용 기구를 사용하는 방법은 고대에도 알려져 있었지만, 임신부가 사망하거나 다칠 위험이 컸기 때문에 거의 쓰이지 않았습니다. 그 대신 약초나 그밖의 특정 혼합물을 사용했지요. 하지만

이 방법 역시 외과 수술과 마찬가지로 치명적일 수 있었어요.

또 다른 방법으로는 임신부가 자신의 복부에 심한 충격을 가하거나 무거운 것 들어 올리기, 단식하기 등이 있었습니다. 하지만 어떤 방법을 쓰더라도 장기 손상이나 심한 출혈로 사망할 위험이 항상 도사리고 있었지요.

약초 의사와 치유자

중세 이슬람 세계의 의사들은 여성의 월경 주기를 조절하고 낙태를 유발하기 위해 약초와 그밖의 특정 물질을 약으로 쓰는 방법에 대해 많은 기록을 남겼습니다. 몇몇 고대 의사는 실제로 낙태 수술을 하기도 했어요.

낙태는 수많은 시행착오를 통해 배운 약초 의사와 치유자들의 사업이었습니다. 헬레보레, 루타, 야생 당근, 샐비어, 향나무, 페니로열, 쑥국화와 같은 식물의 혼합물은 옛날부터 낙태약으로 널리 알려져 왔습니다. 이 식물들을 사용할 때 가장 중요한 것은 재료를 올바르게 섞는 것이에

1200년대의 필사본. 임신부 앞에 앉아 있는 여성이 식물들을 혼합해 낙태에 사용할 약을 만들고 있다.

요. 특히 헬레보레나 페니로열과 같이 독성이 있는 식물을 섞을 때는 더욱 그렇지요. 잘못된 재료의 혼합으로 자칫하다가는 생명을 잃게 될 수도 있기 때문이에요. 실제로 이 식물 혼합물의 사용으로 당시 많은 여성이 사망했을 것으로 추정되고 있답니다.

사례탐구 **고대의 특효약**

향신료와 약물로 사용되었던 실피움은 북부 아프리카 키레나이카(오늘날의 리비아) 해안의 좁은 땅에서만 자라던 고대 식물이다. 실피움 주스는 기침, 열, 두통에 좋다고 알려져 있으며 수액은 사마귀나 여러 종양을 없애는 데 효과가 있다. 출산 후에 자궁을 깨끗이 하는 데에도 실피움 수액이 쓰였다고 한다. 하지만 무엇보다도 실피움은 피임과 낙태에 효과가 있는 것으로 유명했다. 실피움 잎으로 차를 만들어 마시거나 수액을 와인에 섞어 마시고 또는 좌약처럼 만든 것을 질에 끼워 넣어 피임이나 낙태를 하기도 했다.

실피움은 매우 높이 평가된 식물이었기 때문에 키레나이카의 은화에도 새겨졌다. 그리스인들은 실피움을 아폴로 신의 선물이라고 믿었으며, 로마인들은 실피움이 "디네어리어스(고대 로마의 은화)에 새겨질 만하다."라고 칭송하기도 했다. 그 당시 실피움의 사용량이 날로 증가하게 되자 사람들은 실피움을 직접 재배하려 하기도 했다. 하지만 오로지 키레나이카의 야생에서만 번식하는 실피움의 습성 탓에 재배는 실패로 돌아갔고, 그 수요를 충당할 수 없어서 결국 서기 100년에는 완전히 멸종되고 말았다.

실피움 한 줄기가 새겨진 고대 은화

현대 의료 시설이 잘 갖추어지지 않은 나라에서는 의사 대신 사진 속의 광고판(서아프리카 베냉에 걸린 광고판)에 보이는 것처럼 전통적인 '치유자'들이 활동하고 있다. 낙태하고자 하는 여성들이 이런 치유자를 찾아가지만 그들의 낙태 시술 방법 때문에 많은 여성이 심각한 후유증으로 고통받거나 사망하고 있다.

고대의 산아 제한

고대의 여러 지역에서는 낙태를 필요에 따라 선택할 수 있는 개인의 문제라고 생각했습니다. 여성이 아직 미혼이거나 간통으로 임신이 된 경우에 낙태를 했고, 자녀의 수를 제한하려고 낙태를 하기도 했지요.

확실한 피임법이 없었던 고대에는 낙태 말고는 자녀의 수를 조절할 방법으로는 오로지 성관계를 갖지 않거나 갓난아이를 내다 버리는 영아 살해밖에 없었습니다. 그래서 고대 그리스와 로마에서는 산아 제한을 위해 영아를 살해하는 일이 빈번했습니다. 그밖의 지역에서도 영아 살해 풍습이 있었지요.

인류 문명의 역사가 시작된 이래 갓난아이를 신의 제물로 바치거나 병들거나 기형이라는 이유로, 또는 여자아이나 사생아라는 이유로 살해당하는 경우가 많았습니다. 특히 영아 살해는 기근이나 인구 과잉, 빈곤이 심각할 때 가장 많이 발생했어요. 모든 나라에서 범죄로 여기고 있는 지금도 영아 살해는 끊임없이 벌어지고 있답니다.

알아두기

그리스도교의 관점에서 영아 살해는 의심의 여지가 없는 살인이다. 하지만 중세에는 출산한 아이를 길거리나 교회, 수도원의 문 앞에 버리는 일이 비일비재했다. 그렇게 버려진 아이들은 대부분 사망했다. 1700년대 초 런던의 어린이 사망률은 높았다. 네 명 중 한 명에 가까운 아이들이 다섯 살이 되기 전에 사망했다. 병에 걸려 사망하는 아이들도 많았지만, 대부분은 가난이나 부모로부터 버려져서 사망했다.

태아의 움직임과 영혼

600년대에 가톨릭교회가 유럽과 지중해 연안 곳곳에 생겨났습니다. 초기의 기독교 학자는 임신 기간과 관계없이 낙태를 살인이자 죄악이라고 믿었지요. 하지만 그보다 이전인 400년대 초기 그리스도교의 지도자인 성 아우구스티누스는 태아가 아직 영혼을 갖기 전이라면 낙태의 죄가 그리 크지 않다는 기록을 남겼습니다. 그는 남자 태아는 40일, 여자 태

성 아우구스티누스는 교사이자, 철학자, 주교였다. 그의 저서는
초기 그리스도교에 막대한 영향을 끼쳤다.

아는 90일이 되면 영혼을 갖게 된다고 믿었어요.

1200년대에 교황 인노첸시우스 3세는 태아가 '활발해지면', 다시 말
해 임신부가 자궁 속 태아의 움직임을 감지할 수 있으면(일반적으로 임신
16~18주) 태아가 영혼을 얻은 것이라고 공식적으로 결정했습니다. 따라
서 당시에는 태아가 활발하게 움직이기 전에 낙태하는 것은 심각한 죄를
저지르는 것이지만 살인은 아니라고 여겼어요. 태아가 아직 완전한 사람
이 아니라고 믿었기 때문이지요.

그러나 가톨릭교회의 다른 종파에서는 태아가 움직인다고 해서 영혼

을 얻은 것이라는 의견에 동의하지 않았습니다. 하지만 영국과 서유럽의 대부분 나라뿐만 아니라 북아메리카에서도 태아의 움직임이 있기 전에 이루어지는 낙태에 대해서는 관대했어요. 그러다가 중세 이후부터 범죄로 규정하기 시작했지요.

시대의 흐름에 따른 변화

1800년대에 새로운 주장이 제기되었습니다. 로마 가톨릭교회는 물론 다른 기독교 단체에서 배 속의 아기는 **수정**되는 순간 영혼을 갖게 되므로 사실상 처음부터 완전한 인간 개체로서의 권리가 있다고 결론지은 거예요.

이 시기에는 의학 지식의 범위가 넓어져 자궁 속 태아의 발달에 대한 이해도 더욱 깊어졌습니다. 의사들은 전문성을 갖추게 되었고 점점 미숙한 치유자와 **산파**를 멀리하게 되었지요. 또한 낙태 수술 중에 자주 발생했던 부작용과 사망을 염려하기 시작했어요. 그러다가 결국 유럽과 미국 등지에서는 낙태를 금지하되, 임신부의 생명이 위태로울 때에만 허용하는 법이 만들어졌답니다.

하지만 법이 개정되고 교회의 지도와 의사들의 노력에도 불구하고 낙태는 끊이지 않았습니다. 사생아 혹은 원하지 않는 아이를 낳아야 한다는 걱정에 겁을 먹고 궁지에 몰렸다고 느낀 여성들은 결국 그 효과와 안전성이 입증되지 않은 중절약을 구해 스스로 낙태를 시도하거나 불법적이고 서툰 뒷골목 낙태 시술자에게 자신의 생사를 내맡기게 되었지요.

묘약

빅토리아 시대에는 낙태가 불법이었을 뿐만 아니라 몹시 수치스러운 일로 여겨졌습니다. 그래서 드러내 놓고 얘기도 못했지요. 하지만 신문에는 불규칙한 월경 주기나 나팔관 폐쇄 등 여성 생식기 질환을 치료해 줄 온갖 묘약을 권하는 광고가 자주 실렸어요. 이러한 치료약들 중에는 낙태약도 있었지요. 그래서 우편으로 약을 주문하거나 약사에게 직접 살 수 있었습니다. 하지만 엄청난 비용을 지불해야 했지요.

비싼 약을 살 수 없는 여성들은 친구나 이웃에게서 비법을 전수받아 직접 낙태약을 만들었습니다. 여기에는 약초 혼합물이나 세탁용 소다, 테레빈유, 심지어는 공업용 화학 물질인 유약이나 술의 일종인 진에 화약을 탄 물질 등을 사용하기도 했어요.

낙태 문제의 해결책

낙태가 건강에 매우 좋지 않은 것처럼 출산 역시 건강을 잃게 할 위험이 따릅니다. 빅토리아 시대에는 여성들이 성관계에 대해 이야기하는 것을 부적절하게 여겼고, 성관계나 산아 제한에 대한 인식 역시 부족했어요. 게다가 미혼 여성이 임신하게 되면 치욕적인 삶과 가난으로 고통받아야 했지요. 하지만 미혼 여성만 낙태에 기댔던 것은 아니에요. 결혼한 여성이 여러 번 임신하는 것은 흔한 일이었고, 그들의 갓난아이가 숨지는 일도 빈번했습니다. 여러 번의 출산으로 쇠약해진 여성이나 이미 대가족을 보살피고 있는 여성에게 낙태는 때로 유일한 대안이었지요.

그러다 보니 나라에서는 낙태하는 여성들이 늘어나는 것을 염려하게 되었습니다. 많은 사람들이 낙태하는 여성들을 부도덕한 시선으로 보는 것도 문제였지만, 낙태로 인한 사망이나 기타 여러 가지 건강상의 부작용이 컸기 때문이지요. 그래서 의사와 교회 지도층 인사나 정치인들은 기사나 소책자 등을 통해 낙태의 위험을 알리기 시작했고 낙태를 막기 위해 더 엄격한 법 제정을 요구했습니다. 또한 낙태를 생각하기에 앞서 스스로 자제심을 발휘해 성관계를 갖지 말고, 기혼 여성의 경우에는 어머니의 의무를 받아들여야 한다고 주장했어요.

또 다른 해결책

소수 개혁가들은 부부에게 피임 방법을 알려 주는 것이 낙태를 예방할 수 있는 가장 좋은 해결책이라고 생각했습니다.

1800년대 초에 가장 널리 쓰이던 피임 방법은 **질외 사정**으로, 당시 유

초기의 피임 도구.
스펀지, 질 세척기, 탐폰, 고무 외의 소재로 만들어진 콘돔(왼쪽부터).

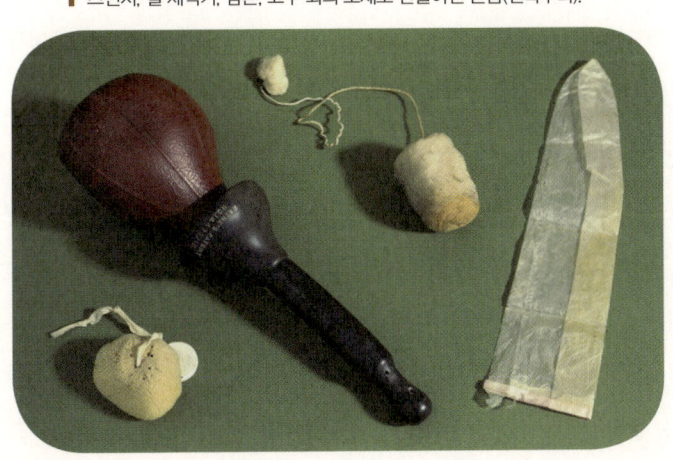

럽 등지에서 오래전부터 사용됐을 것으로 추측하고 있습니다. 1830년대에 개혁가 로버트 데일 오언은 미국에서 출판된 산아 제한에 관한 그의 첫 번째 책에서 질외 사정에 대해 묘사하기도 했어요.

또 다른 피임 방법으로는 작은 스펀지를 질 안에 넣어 정액이 자궁 안까지 들어가는 것을 막거나 성관계 후에 질 속으로 물을 넣어 정액을 빼내는 질 세척기를 사용하는 것이었습니다.

남성용 콘돔도 있었지만 동물의 내장이나 올이 고운 천으로 만들어져서 쉽게 벗겨지거나 정액이 새는 문제가 있었지요. 그 후 1860년대에 최초로 신축성이 뛰어나고 저렴한 고무 콘돔이 대량 생산되기 시작했어요. 그와 함께 작은 스펀지를 대신할 수 있는 여성용 고무 격막, 즉 '자궁 경부 캡'도 등장했답니다.

하지만 피임법이 날로 발달하고 확산될수록 산아 제한을 주장했던 선구자들을 비난하거나 고발하는 일이 발생하기도 했어요. 한 예로 미국에서는 1873년에 콤스톡법이 제정되어 피임이나 낙태 도구를 광고하거나 유통하는 일, 또는 그에 대한 정보를 제공하는 일이 불법화되었어요. 그리고 곧 캐나다와 프랑스에도 유사한 법이 만들어졌지요.

그래도 산아 제한 운동은 아랑곳없이 계속되었습니다. 1920년대에 수많은 사회 개혁가, 예컨대 미국의 에드워드 블리스 푸트, 엠마 골드먼, 마거릿 생어, 영국의 애니 베전트, 도라 러셀, 마리 스톱스는 산아 제한에 대해 글을 쓰고 강연을 했습니다. 마거릿 생어와 마리 스톱스는 각기 미국과 영국에서 최초의 산아 제한 클리닉을 설립하기도 했지요.

산아 제한을 주장했던 대부분의 사람들은 불법 낙태 시술로 발생하는

사례탐구 불법 낙태 시술자

'레스텔 부인'은 가장 악명 높은 불법 낙태 시술자였다. 그녀의 진짜 이름
은 앤 로먼이었으며 남편인 찰스 로먼은 로버트 데일 오언의 책을 출판했던
인쇄업자였다. 앤 로먼은 1839년부터 '레스텔 부인'이라는 이름으로 피임약
과 낙태 서비스를 광고하고 판매했다.

물론 당시에는 앤 로먼 말고도 유사한 상품을 판매하는 사람이 많았다.
하지만 앤 로먼은 낙태 관련 사업으로 많은 돈을 벌었고 그것을 숨기려고
하지도 않았다. 상류 사회는 그녀의 사업만큼 그녀의 화려한 치장에도 역겨
워했다. 신문사는 앤 로먼을 '뉴욕에서 가장 못된 여자'라고 이름 붙이기도
했다.

앤 로먼은 몇 번 체포되어 감
옥에 들어가기도 했지만, 낙태
관련 사업을 그만두지 않았다.
그러다가 1878년에 앤 로먼은
콤스톡법을 만든 앤서니 콤스톡
의 함정에 빠지고 말았다. 아내
에게 줄 피임약이라는 말에 속
아서 앤서니 콤스톡에게 피임약
을 판 것이다. 당시 콤스톡법에
따라 피임약을 판매해서는 안
되었지만 버젓이 약을 판매했던
것이다. 앤서니 콤스톡에게 체
포된 앤 로먼은 재판이 열리기
전에 스스로 목숨을 끊었다.

앤서니 콤스톡이 앤 로먼, 일명 '레스텔 부인'을
체포하는 모습을 담은 〈뉴욕 일러스트레이티드
타임스 The New York Illustrated Times〉 1878년 2월
호 표지 삽화. 앤 로먼은 불법 낙태 시술자로 활
동하면서 언론과 상류 사회의 비난을 받았다.

사망과 부작용을 줄이기 위해 피임을 널리 알리는 일에 앞장섰습니다. 그들 중에도 낙태를 반대하는 사람들이 있었지만 당시의 여권 신장 운동에 발맞추어 낙태가 더 안전하게 이루어져야 하며 여성이 자녀의 수를 결정할 권리가 있다고 주장하는 사람들도 있었어요.

마거릿 생어(오른쪽)는 1916년 미국 최초로 산아 제한 클리닉을 설립했다. 생어는 클리닉을 열자마자 체포되었고 30일 금고형을 받았다. 그러나 1966년에 사망할 때까지 산아 제한 방법에 관한 집필과 강연을 지속했다.

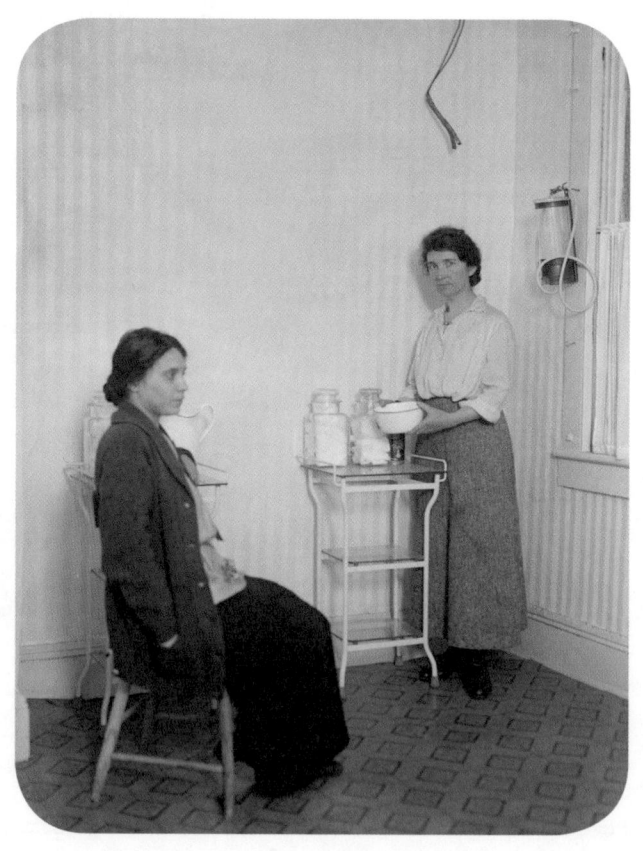

'1967년 낙태법'의 도입

　런던 세인트메리 병원의 외과 의사 알렉 본은 1938년 6월 14일 몇 명의 군인에게 성폭행당해 임신한 열네 살 소녀에게 낙태 수술을 해 주었다. 그 당시 낙태는 불법이었기에 본은 수술 직후 경찰에 자수했고, 구속 기소되었다. 하지만 본은 재판에서 무죄 판결을 받았다. 그 소녀가 자살 충동을 느끼고 있었기 때문이다. 이 판결이 알려진 뒤 영국에서는 임신부의 신체와 정신 건강이 위태로울 때 이루어지는 낙태가 사회적으로 용인되었다. 또 이 판결은 '1967년 낙태법'이 도입되는 전환점이 되기도 했다. 하지만 본은 말년에 자신이 받은 판결의 영향으로 낙태가 만연해진 세태를 걱정했다. 그래서 '1967년 낙태법'에 반대하는 태아보호협회의 설립에 동참하기도 했다.

새바람

　1920년대 이후 50여 년 동안 일어난 수많은 일들은 산아 제한과 낙태에 대한 사람들의 인식에 영향을 끼쳤습니다. 인류는 두 차례의 세계 전쟁과 산업의 발달, 여성의 지위와 역할의 변화를 겪었습니다. 그러다 보니 사람들은 이전보다 사회 지배층, 다시 말해 사회적 행동에 영향을 미치는 유력한 인물이나 단체의 의견에 귀 기울이지 않게 되었지요.

　1960년대로 오면서 피임법은 더욱 발달하고 확산되었으며, 특히 피임약이 등장하면서 '성 개방(성에 관한 문제를 직접 이야기하고 서로 동의하에 성관계를 맺는 것)'이라는 새로운 흐름이 나타나기 시작했습니다. 의학이 발달하면서 낙태 수술도 점점 더 안전하게 할 수 있게 되었지요. 그리고 이때부터 미국과 영국에서도 수동 흡인법이 쓰이기 시작했어요.

부도덕한 성관계와 결혼 그리고 가족 붕괴에 대해 우려하는 사람들도 있었지만 이 모든 의학적 발달에 대한 수요는 점점 늘어났습니다. 그 뒤를 이어 점차 낙태법이 제정되면서 세계 대부분 지역에서 피임이 정당성을 얻게 되었지요. 하지만 낙태와 특정 형태의 피임에 대한 강한 반대 역시 끊이지 않았습니다.

알아두기

영국의 '1967년 낙태법(북아일랜드에는 적용되지 않음)'은 임신부의 신체와 정신 건강이 위태로울 때, 또는 태아에게 심각한 장애가 발생할 위험이 있을 때만 낙태를 허용했다. 1969년에는 캐나다와 호주의 몇 개 주에서 뚜렷한 사정이 있을 때에 한해서 낙태를 허용하기 시작했다.

또한 미국에서는 몇 개 주가 낙태법을 완화했다. 1973년 로 대 웨이드 재판에서 미국 대법원은 미국의 모든 주에서 임신 3개월 내에는 낙태가 합법화되어야 하며, 임신 후기에도 담당 의사가 임신부의 신체와 정신 건강에 필요하다고 판단할 때에는 낙태를 허용해야 한다고 판결했다.

1973년에서 1980년 사이에 프랑스, 서독, 뉴질랜드, 이탈리아, 네덜란드도 분명한 사정에 한해서 낙태를 허용했다.

간추려 보기

- 낙태는 인류 문명의 역사가 시작된 이래 산아 제한의 수단으로 사용되었다.
- 중세 기독교 교회는 '낙태는 인간의 생명을 살해하는 일이기 때문에 죄'라고 천명했다. 하지만 어느 시점의 태아를 생명으로 인정해야 하는지에 대해서는 혼란이 있었다.
- 1800년대에 낙태와 피임은 대부분 불법이었지만, 낙태와 피임을 하는 사람은 점차 늘어났다.
- 1900년대 말에 사회가 변화하고 의료 기술이 발달하면서 성적 자유라는 새로운 가치관이 생겨났다. 물론 모든 사람이 이러한 풍조를 긍정적으로 받아들인 것은 아니다.

5
CHAPTER

생명의 문제

자궁 속에서 자라나는 태아를 하나의 인간, 즉 생명이라고 할 수 있을까요? 만일 그렇다면 언제부터 그러할까요? 생명이 언제부터 시작되느냐는 아주 중요한 문제입니다. 사람들이 흔히 태아를 생명이 있는 인간으로 인식할 때는 생물학적 의미에서 '살아 있다'는 것 이상을 의미하기 때문이에요.

지난 200년 동안 과학과 의학 기술이 발달하고 성관계, 인간 관계, 가정생활에 대한 가치관이 변화하면서 낙태에 대한 논쟁은 한층 더 뜨거워지고 복잡해졌습니다. 그런데 낙태를 둘러싼 숱한 논쟁 속에서 본질적으로 떠오르는 의문 한 가지가 있습니다.

자궁 속에서 자라나는 태아를 하나의 인간, 즉 생명이라고 할 수 있을까요? 만일 그렇다면 언제부터 그러할까요?

- 난자가 수정된 순간부터일까요?
- 수정된 난자가 자궁벽에 착상했을 때부터일까요?
- 임신 후기에 태아가 인간의 모습을 띠기 시작할 때, 즉 자궁 밖에서 독자적으로 생존할 수 있을 때부터일까요?
- 태어났을 때, 즉 엄마의 몸에서 떨어져 나왔을 때일까요?

생명이 언제부터 시작되느냐는 아주 중요한 문제입니다. 사람들이 흔히 태아를 생명이 있는 인간으로 인식할 때는 생물학적 의미에서 '살아 있다'는 것 이상을 의미하기 때문이에요. 다시 말해 '생명'을 '독립적인

가톨릭교회는 가톨릭교도인 의사와 간호사들이 신념을 지켜야 한다고 말하고 있다. 즉 낙태 수술을 하거나 환자들에게 낙태에 관한 정보를 주어서는 안 된다고 분명히 밝힌 것이다. 그들이 근무하는 병원이 합법적으로 낙태 수술을 허가받았다고 하더라도 말이다.

인간 개체'라는 뜻으로 사용한다는 것입니다. 임신의 각 단계에서 태아의 신체에 어떤 변화가 일어나는지는 의학을 통해 충분히 알 수 있어요. 하지만 태아가 언제부터 인간으로서 생명이 시작되는지는 의학으로 판단할 수가 없습니다. 그것은 과학의 문제라기보다는 전통적, 사회적, 도덕적인 신념에 관한 문제이기 때문이지요.

다양한 견해

배아나 태아를 독립적인 인간 개체로 받아들이지 않는 견해가 있습니다. 적어도 발달 초기 단계에는 말이죠. 이러한 견해를 가진 사람들은 엄마의 몸에 있는 다른 모든 세포와 마찬가지로 태아 역시 산소와 영양분

섭취를 전적으로 엄마에게 의존하는 하나의 세포로 봅니다. 또한 태아가 스스로 생각하거나 자기 자신을 인식할 수 없다고 생각하지요.

반면에 태아가 아직 독립된 인간은 아니지만 자궁 안에 있는 동안에는 사람이 될 가능성이 있으므로 마땅히 존엄성이 있다는 의견도 있습니다. 이런 견해를 가진 사람들은 태아가 자라날수록 태아를 점차 독립적인 존재로 보아야 한다고 생각합니다. 그래서 이런 견해를 가진 나라들은 낙태할 수 있는 임신 기간을 엄격하게 제한하지요. 하지만 태아가 처음 생겨났을 때부터 태아를 독립적인 하나의 인간으로 보는 견해도 있답니다.

대부분의 종교는 인간 생명이 존엄하다고 가르칩니다. 또 태아가 생명을 가진 인간인지 아닌지에 대해, 아니면 언제부터 태아를 인간, 즉 하나의 생명체로 인식해야 하는지에 대한 견해를 밝히고 있어요. 하지만 그 견해가 모두 같지는 않답니다.

가톨릭교회

로마 가톨릭교회의 견해는 아주 뚜렷합니다. 태아는 수정된 순간부터 독립적인 생명체이며 고의로 태아를 죽이는 것은 살해이자 윤리적으로 심각한 잘못이라고 생각합니다. 가톨릭교회는 낙태한 임신부나 낙태 수술을 한 의사를 교회에서 파문하기도 합니다. 낙태가 이루어진 나라의 법이 낙태를 불법으로 규정하지 않더라도 말이에요.

태아가 언제 영혼을, 즉 마음과 정신을 갖게 되는지에 대해 수백 년 동안 의견이 분분했습니다. 하지만 가톨릭교회에서는 한결같이 낙태는 옳지 못하다고 말하고 있어요. 한때는 태아에 영혼이 있기 전에 낙태하는 것은 살인보다는 가벼운 범죄로 보기도 했습니다. 하지만 1886년부터 교회법은 임신의 어떤 단계에서든 낙태는 부당하게 생명을 앗아 가는 행위라고 분명히 규정하고 있어요.

가톨릭교회는 인간 생명을 신의 선물이라고 말합니다. 따라서 오직 신만이 인간의 목숨을 앗아 갈 수 있다고 믿고 있지요. 그렇더라도 태아의 생명권과 엄마의 생명권이 서로 부딪치는 상황이 있다는 것은 인정하고 있어요. 하지만 누구의 생명이 다른 누구의 생명보다 귀하다는 생각에는 여전히 반대하고 있습니다.

그 결과 다른 대부분의 종교와 달리 가톨릭교회는 임신부가 위독할 때조차 낙태를 허용하지 않습니다. 다만, 엄마가 태아를 살리기 위한 수

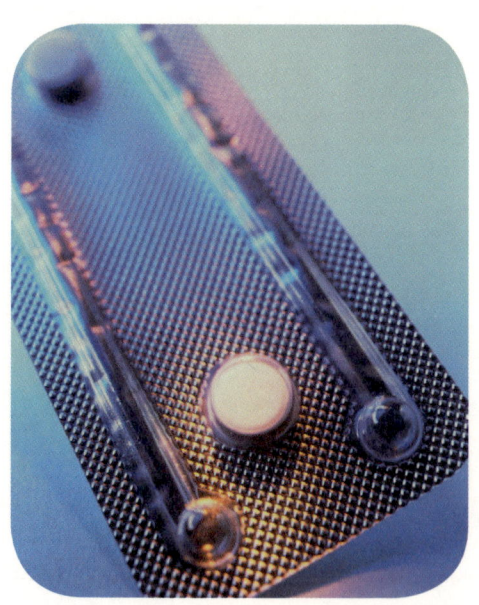

사후피임약 또는 긴급피임법(EC)은 피임하지 않고 성관계를 맺었을 때 되도록 빨리 복용하면 되는 종류의 피임법이다. 사후피임약은 난자가 난소에서 배출되거나 수정되는 것을 방지하는 약이기 때문에 중절약과는 다르다. 하지만 사후피임약은 수정란이 자궁에 착상하는 것을 방해하기 때문에 가톨릭교회는 이 약의 사용까지 금지하고 있다. 그 외의 다른 피임법도 마찬가지로 금지하고 있다. 반면에 이슬람교는 여성이 사후피임약을 복용하는 것은 허용하고 있다. 특히 성폭행을 당했을 때는 더욱 그렇다.

술을 요청했는데 경과가 잘못되어 태아가 사망한 경우는 죄가 아니라고 판단하는 정도이지요.

　가톨릭교회는 신자들에게만 이러한 견해를 권하는 것은 아닙니다. 세계 곳곳의 정부와 여러 기관들에게 낙태를 불법화하라고 요청하며 아주 왕성하게 반대 활동을 벌이고 있습니다. 그렇다보니 가톨릭교도가 아니더라도 낙태를 반대하는 여러 낙태 반대 운동 단체가 이를 지지하고 있답니다.

사례탐구 **아홉 살짜리 소녀의 낙태 수술**

　2009년에 브라질의 한 의사가 가톨릭교회에서 파문되었다. 성폭행으로 쌍둥이를 임신한 아홉 살짜리 소녀에게 낙태 수술을 했다는 이유에서였다. 소녀의 어머니와 낙태 수술에 참여한 다른 의료진도 파문당했다. 다만, 소녀는 미성년자이고 책임이 없다고 보았기 때문에 파문되지 않았으며, 소녀를 성폭행한 남성도 파문되지 않았다.

　브라질에서 낙태는 불법이지만, 성폭행으로 임신했거나 임신부가 위독할 때에는 허용된다. 이 사건은 두 가지 예외 사항이 모두 적용되는 사건이었다. 의사는 소녀가 신체적으로 너무 어려서 출산하게 되면 건강을 해친다고 판단했다. 브라질은 가톨릭 국가인데도 많은 사람이 교회의 이 결정에 놀라고 실망했다는 신문 보도가 잇따랐다. 결국, 로마에 있는 가톨릭교회는 며칠 후 공식적으로 이들의 파문을 취소했다.

> ## 알아두기
>
> 모든 수정란이 자궁에 착상하는 데 성공하는 것은 아니다. 전체 수정란 중에 최대 절반은 착상에 실패한다고 한다. 여성이 임신 사실을 인식하기도 전에 유산이 되는 것이다. 그래서 이러한 '생명들'의 죽음은 윤리의 문제로 인식되지 않는다.

그밖에 기독교

개신교와 정교회를 포함한 기독교 대부분의 종파 역시 가톨릭교회와 비슷한 견해를 가지고 있습니다. 하지만 낙태를 허용하는 수준은 갖가지 상황에 따라 혹은 종파별로 매우 다르지요.

예를 들어 그리스 정교회와 러시아 정교회는 임신부가 위독할 때에는 낙태를 허용하고 있습니다. 다른 여러 개신교에서는 낙태하지 말라고 강력히 권하면서도, 낙태가 각 개인의 양심에 달린 문제라고도 여깁니다.

이슬람교

이슬람 율법은 낙태를 전면 금지하지는 않지만, 그렇다고 승인하는 것도 아닙니다. 이슬람 율법의 모든 종파는 인간 생명을 빼앗는 것은 나쁘다고 믿지만, 태아가 언제 영혼을 가지며 그에 따라 태아를 언제부터 인간으로 볼 수 있는가에 대해서는 의견이 분분하지요. 대부분의 이슬람 종파는 임신 40일 또는 120일 정도가 되면 태아에 영혼이 깃든다고 믿습니다.

다시 말해서 모든 이슬람 종파는 임신부가 위독할 때에만 낙태를 허용합니다. 그나마 덜 나쁜 선택이라는 이유에서 말이지요. 일부 종파는 태아에게 치명적인 장애가 있을 것으로 판단되거나 성폭행으로 임신했을 때도 임신 90일이나 120일 안에는 낙태를 허용하고 있습니다. 다른 어떤 종파들은 뚜렷한 이유가 있을 경우에 한해서 임신 40일까지만 낙태를 허용하며, 낙태를 전혀 허용하지 않는 종파들도 있답니다.

힌두교

힌두교는 임신부의 생명이 위태로울 때를 제외하고는 낙태를 반대합니다. 힌두교에서는 환생을 믿습니다. 영혼이 몇 번이고 되풀이해서 다시 태어나고, 영혼이 깨우치면 그러한 **윤회**에서 벗어난다고 믿지요. 대부분의 힌두교 학자는 난자가 수정되는 순간 영혼이 육체에 깃들어서 완전한 인간이 된다고 생각합니다. 따라서 그 '인간'이 낙태된다면 그의 영혼은 깨달음의 기회를 빼앗긴 셈이므로 다시 태어날 때까지 기다려야만 한다는 것이죠.

힌두교에서는 어떤 인간 존재라도 죽이는 것은 나쁘다고 믿습니다. 힌두교 교리의 어떤 구절에는 임신한 여성이나 태아를 죽이는 것이 극악한 범죄 중 하나라고 적고 있지요. 하지만 태아의 생명과 엄마의 생명 중 하나를 선택해야 하는 상황이라면 힌두교 교리의 또 다른 구절은 엄마의 생명을 구해야 한다고 말하고 있답니다.

유대교

유대교에서는 태아를 완전한 인간으로 보지 않습니다. 하지만 잠재적

찬성 vs 반대

어떤 차별도 정당화되지 않듯이 성장 단계에서의 차별 역시 정당화되지 않는다. (중략) 태아의 발생 과정이 시작되는 순간부터 인간 생명에 대한 존중이 필요하다. 난자가 수정되는 순간부터 생명은 시작된다. 태아는 아버지의 생명도 어머니의 생명도 아닌 스스로 성장하는 새로운 인간 존재의 생명이다.

— 로마 교황청 신앙교리성에서의 낙태 반대 선언 1974년 11월

물론 불교도의 시각에서 낙태는 살생이며 부정적인 것이다. 일반적으로 말하면 그렇다. 하지만 상황에 따라 다르기도 하다. (중략) 낙태는 각각의 상황에 따라 옹호되거나 비판되어야 한다고 생각한다.

— 달라이 라마 1993년 11월 〈뉴욕 타임스〉

인 인간이기 때문에 아주 분명한 이유가 있지 않은 이상 보호받을 권리와 해를 입거나 죽임을 당하지 않을 권리가 있다고 보지요. 유대교의 율법은 낙태를 금지하지 않아요. 하지만 특별한 사정이 있는 경우를 제외하고는 낙태를 승인하지도 않습니다. 그래서 낙태와 관련해 근심이 있는 사람은 **랍비**를 찾아가 상의하고 판단을 하곤 한답니다.

유대교 율법에 따르면, 엄마의 생명이 태아의 생명보다 앞서 생겨났으므로 임신부의 생명이 위태로울 때에는 반드시 태아를 낙태해야 한다고 말하고 있습니다.

유대교 종파 대부분은 임신부의 정신 건강이 위험할 때, 임신부가 자살할 위험이 있을 때에도 낙태를 허용합니다. 반면에 성폭행이나 근친상간에 의한 임신이 아니라면, 다른 종류의 정신적 고통에 대해서는 낙태를 허용하지 않고 있어요. 태아가 신체 기형인 것으로 판단되더라도 허용하지 않지만, 태아의 신체 기형이 엄마에게 심한 고통을 준다면 간혹 허용하기도 합니다.

윤리 이외의 고려 사항

대부분의 종교가 낙태를 하지 말라고 가르치는데도 종교 단체에 속한 많은 사람이 여전히 낙태를 하고 있습니다. 이것은 낙태를 할지 말지 갈림길에 섰을 때, 신앙은 낙태를 고려하는 여러 사항 중 하나일 뿐이라는 것을 뜻해요. 사람들은 신앙뿐만 아니라 태어날 아이가 임신부의 신체와 정신 건강에 미칠 영향까지 고려하기 때문이지요. 또 임신부는 가족과 이웃의 비난을 두려워하고, 원하지 않은 아이를 기르느라 가난에 허덕이

불교는 고의로 생명을 죽여서는 안 된다고 가르친다. 불교 사상에 따르면 인간은 계속해서 다시 태어나고, 수태와 동시에 삶이 시작되기 때문이다. 그러므로 불교에 낙태를 금하는 특정한 교리는 없지만, 그들의 오랜 전통에 따라 낙태는 윤리적으로 부정하다고 보고 있다. 하지만 불교는 개인의 책임과 측은지심이 중요하다고 가르치므로 많은 불교도는 타당한 이유가 있을 때에는 낙태를 할 수도 있다고 생각한다.

게 될 것을 걱정하기도 합니다. 아니면 그저 아이를 원하지 않는 마음이 너무나 강할 때도 있지요.

많은 사람이 낙태가 윤리적으로 옳지 못하다는 생각을 받아들이면서도 상황에 따라서는 낙태가 필요할 수도 있다고 생각합니다. 여러 종교에서도 이렇게 생각을 하고 있지요. 그래서 낙태를 죄악으로 보면서도 대부분 살해로 규정하지는 않는 것입니다.

반대로 낙태를 윤리적으로 옳다고 생각하는 사람도 낙태가 언제나 옳다고 여기는 것은 아닙니다. 또 낙태에 대한 도덕적인 관점을 지니기 위해 반드시 종교 단체에 속해야 할 필요는 없습니다.

한편 **인본주의자**들은 창조주나 다른 성스러운 존재나 환생을 믿지 않습니다. 그 대신 개인이 책임과 권리를 가지고 각자의 삶을 능력껏 살아가야 하며, 동시에 타인의 자유와 권리를 존중하면서 공공의 이익을 위해 일해야 한다고 생각하지요.

인본주의자들의 생각이 이러하기 때문에 낙태에 대한 견해를 밝힌 인본주의자는 아직 한 명도 없습니다. 하지만 대부분의 인본주의자는 낙태는 각 개인이 스스로 고민하고 판단해야 한다고 생각합니다. 그리고 선택할 수 있는 사항을 전부 고려해야 하며, 결국 낙태하기로 결정을 내렸다면 합법적이고 안전하게 수술을 받는 것이 가장 중요하다고 생각할 거예요.

사례탐구 인도의 낙태

인도는 인구의 80퍼센트 이상이 힌두교도다. 그리고 인도에는 남아를 강력히 선호하는 전통이 있다. 의학의 발달로 이제는 출산 전에 태아의 성별을 알 수 있게 되었지만, 대개는 임신 중기에야 성별을 감별할 수 있다. 그결과 인도에서는 다른 나라들보다 임신 후기의 낙태 비율이 더 높다.

인도는 출생률이 높아 1971년에 낙태법을 비교적 관대하게 고쳤지만, 1994년에는 여아라는 이유로 낙태하는 것을 불법으로 정했다. 하지만 매년 약 1,100만 건의 낙태가 위험한 환경에서 불법으로 이루어지고 있다.

간추려 보기

- 태아가 독립적인 인간 개체인지 아닌지에 대해 여러 가지 다른 의견이 있다.
- 대부분 종교는 인간 생명을 존엄하다고 보고 생명을 빼앗는 것을 윤리적으로 나쁘다고 본다. 하지만 태아를 언제부터 인간으로 볼 수 있느냐에 대한 견해는 종교마다 조금씩 다르다.
- 대부분 종교는 윤리적인 이유로 낙태를 금지하지만, 일부 종교는 임신 초기일 때 타당한 이유가 있다면 허용하기도 한다.
- 사람들은 신앙과 관계없이 낙태를 결심하기도 한다.
- 낙태에 대해 도덕적인 관점을 지니기 위해서 꼭 종교인이 되어야 하는 것은 아니다.

태아의 생명권

태아를 사람으로 보지 않는 사람들은 태아에게 생명권이 없다고 주장합니다. 특히 발달 초기 단계에서는 말이죠. 그뿐만 아니라 엄마 외에는 그 누구도 태아를 대신해서 무언가를 결정할 권리가 없다고 말합니다. 물론 그 권리에는 안전하고 합법적인 낙태를 택할 권리도 포함되어 있습니다.

태아를 사람으로 볼 수 있느냐를 둘러싼 논쟁은 도덕적인 문제일 뿐만 아니라 '권리', 특히 법으로 보호받아야 하는 생명권이라는 쟁점을 제기합니다. 1948년 유엔 총회에서 세계 인권 선언문을 채택했습니다. 그 인권 선언문에는 "모든 사람은 생명, 자유 및 신체의 안전에 대한 권리가 있다."라는 조항이 있습니다. 오늘날 세계 대부분의 나라에서는 법으로 이 권리를 보장하고 있습니다.

태아를 사람으로 보지 않는 사람들은 태아에게 생명권이 없다고 주장합니다. 특히 발달 초기 단계에서는 말이죠. 그뿐만 아니라 엄마 외에는 그 누구도 태아를 대신해서 무언가를 결정할 권리가 없다고 말합니다. 물론 그 권리에는 안전하고 합법적인 낙태를 택할 권리도 포함되어 있습니다.

하지만 이런 견해의 사람들도 모든 인간이 인간의 생명을 존중하고 소중히 여겨야 할 의무가 있다는 데에 동의합니다. 그래서 낙태가 옳은 선택이든 아니든 반드시 조심스럽게 숙고해서 결정해야 한다고 생각하지요. 이는 태아가 하나의 인간이 될 가능성이 있는 존재라고 믿기 때문이에요.

누구의 권리가 중요할까요?

태아가 여느 인간과 같거나 유사한 권리를 갖는다고 믿는 사람들은 그러한 권리가 정자와 난자가 만나 수정되는 순간에 성립하든 아니면 태아의 발달 후기에 성립하든 필연적으로 "태아의 권리는 엄마의 권리보다 중요할까, 아닐까?"라는 질문을 합니다.

앞서 말한 것처럼 엄마의 권리와 태아의 잠재하는 권리가 충돌하는 경우가 있습니다. 임신부가 위독한 상황이거나 성폭행 등 강제로 이루어진 임신일 때, 또는 너무 어려서 성관계와 임신이 무엇인지 이해하지 못한 상태에서 임신했거나 임신부가 정신 이상으로 자신에게 닥친 상황을

원하지 않는 임신을 피하는 유일한 방법이 **금욕**이라고 믿는 사람들도 있다. 기독교와 이슬람교를 비롯한 여러 종교에서는 결혼 전 성관계를 금지하고 있다. 학교에서 피임의 한 방법으로 금욕을 가르치는 경우도 있는데, 특히 미국의 학교에서 그러하다. 이 사진 속 젊은이들은 '실버 링 싱(Silver Ring Thing)'이라는 국제 기독교 단체 회원이다. 이들은 결혼 전에 순결을 서약한다는 의미를 담은 반지를 끼고 있다.

이해하지 못하는 경우가 바로 그러한 상황이지요.

판단하기가 모호한 상황도 있습니다. 예를 들어 집세를 내는 데 필요한 돈을 벌어야 해서 아직 아이를 원하지 않는 젊은 부부가 있습니다. 부부는 피임을 했지만 피임에 실패해서 임신을 하게 되었지요. 만약 아이를 낳게 되면 여자는 직장을 포기해야 할 것이고, 그러면 곧 집세를 낼 수 없어 살 곳을 잃게 될 거예요. 부부가 여자의 부모 집으로 함께 들어가 살 수도 있겠지만, 그러면 멀리 떨어진 지역으로 이사해야 합니다. 그렇게 되면 이번에는 남자가 일자리를 포기해야 하고 이사한 곳에서 일자리를 찾지 못할 수도 있어요.

여자와 남자가 모두 낙태를 최선이라고 생각한다면 여자는 낙태를 선택해야 할까요? 아니면 부부에게 어려움이 닥치더라도 태아에게 태어날 권리를 주기 위해 낙태를 하면 안 되는 걸까요?

권리와 의무

'행동에는 책임이 따른다'는 말에는 누구나 동의할 것입니다. 그렇다면 성관계가 임신을 유발할 수 있고, 피임한 경우에도 자칫 임신할 수 있다는 것을 아는 이상, 우리는 행동의 결과를 받아들여야 할 의무가 있는게 아닐까요?

낙태 반대자들은 그렇다고 대답합니다. 그들은 태아가 스스로의 선택으로 생겨난 것이 아니기 때문에 그리고 태아가 스스로를 보호할 수 없기 때문에 태아의 생명권이 엄마의 권리보다 중요하다고 말합니다. 그들은 또한 성관계에 뒤따를 임신을 받아들이고 싶지 않다면 여성들이 성관계를 피해야 한다고 주장하지요. 아니면 피임이 실패할 위험이 있다는 것을 잘 인식하고 확실하게 피임해야 한다고 말합니다. 또한 여성이 스스로 아이를 키울 수 없는 상황이라면 아이를 낳은 후에 입양을 보내야 한다고 주장하지요.

모성

낙태를 찬성하는 사람들은 낙태 반대자들이 여성의 삶에서 출산을 가장 중요하게 생각한다고 비판합니다. 낙태 반대자들의 견해는 여성의 정서적, 사회적 활동을 억압하는 것이라고 주장하지요. 낙태 찬성자들은 낙태 반대자들이 청소년기 여성의 사회적, 정서적 발달과 여성이 배우자에게 느끼는 사랑을 전혀 고려하지 않고 있다고 비판합니다. 그 예로, 부부는 오직 아이를 낳을 준비가 되었을 때에만 성관계를 해야 하며 그렇지 않을 때에는 자제해야 한다는 것이 가톨릭교회의 가르침입니다. 하지만 현실에서 그 가르침을 따르는 부부는 거의 없답니다.

알아두기

더 이상 아이 갖는 것을 원하지 않는 부부는 효과적인 피임법을 약 25년 동안 정확하게 지속해서 사용해야 한다.

선택할 수 없는 여성들

낙태 반대자들은 모든 여성들이 자신에게 적합한 피임법에 대해 잘 알고 있으며, 그에 따른 피임 기구를 손쉽게 구해서 잘 사용할 수 있다고 생각하고 있습니다. 하지만 선진국에 사는 여성들마저도, 특히 10대 소녀들은 어떤 피임법이 있는지 잘 알지 못하며, 각각의 피임법을 올바르게 사용하는 방법도 모르는 것이 현실이지요. 어쩌면 부모나 가족의 가치관 때문에 피임 도구를 구하지 못할 수도 있고, 돈이 없어서 그럴 수도 있어요.

당연히 개발 도상국에서는 상황이 더욱 심각합니다. 특히 빈곤 지역에는 현대적인 피임 도구가 있더라도 그것을 살 여유가 없는 여성이 더 많습니다. 또 아예 피임을 허용하지 않는 나라도 있고, 전통적인 피임 방법이 더 낫다고 믿는 사람들도 있지요. 게다가 너무나 많은 여성이 성관계를 거부하지 못하고, 피임 따위는 신경 쓰지 않는 남자의 말에 순종할 수밖에 없는 환경에서 생활하고 있습니다.

여성의 권리

낙태에 대한 견해는 여권 운동가들 사이에서도 엇갈립니다. 어떤 운동가들은 여성의 가장 필수적인 권리 중 하나가 자신의 신체와 삶을 통제할 수 있는 권리이며, 이 권리를 행사하는 방법 중 하나가 낙태라고 주장합니다. 하지만 모든 피임법을 사용할 수 있는 권리와 함께 여성이 만약 아이를 낳겠다고 결심했을 경우에, 믿을 수 있는 보육 지원과 일할 기회를 얻을 권리 역시 낙태할 권리와 똑같이 중요하다고 주장합니다.

다른 운동가들은 여성들에게 낙태가 허용되어야 원하지 않은 아이 때

문에 생기는 사회 문제가 줄어든다고 주장합니다. 그리고 여성들을 성폭
행과 학대로부터 더욱 잘 보호해야 하고, 출산과 직장, 교육 중 하나만을
선택하도록 내몰지 말아야 한다고 주장하지요. 또 수술 비용이 없어서
어쩔 수 없이 출산하거나 사회의 손가락질에 대한 두려움 때문에 출산하
는 일이 없도록 해야 한다고 말하지요.

　대부분의 운동가는 모든 여성이 피임법을 사용할 수 있어야 한다는
데 동의합니다. 하지만 어떤 운동가들은 자궁 내 피임 기구처럼 수술이
필요한 복잡한 방법 대신 남성용 피임법 개발이 더 활발해져야 한다고
주장합니다. 최근 여성들에게 권장되는 자궁 내 피임법은 부작용이 생길
수 있기 때문이지요.

　하지만 남성들이 아이에 대한 책임감 없이 단순히 여성을 성적으로

착취한 다음 여성에게 낙태 수술을 받도록 강요할 수 있다는 이유에서 낙태를 반대하는 운동가들도 있어요.

알아두기

구트마허 연구소가 유엔 인구 기금의 의뢰로 시행한 연구 결과에 따르면, 2억 명에 이르는 여성이 현대적인 피임 기구를 사고 싶었지만 그럴 수 없었다고 한다. 또한 원하지 않은 임신 가운데 3분의 2는 피임 기구를 사용하지 않아서 생긴 결과로 추정하고 있다. 2008년에는 여성 7,500만 명이 원하지 않은 임신을 했다고 한다.

아버지의 권리와 책임

낙태를 둘러싼 논쟁 대부분이 태아와 엄마의 권리 사이에서 맴돌고 있습니다. 그렇다면 정작 아버지의 권리와 의무는 무엇일까요? 어느 사회에서나 대체로 남성은 원하지 않은 임신을 피할 책임을 여성과 나누어 지고 있어요. 그리고 콘돔은 의심의 여지없이 어떤 피임 기구보다 저렴하고 손쉽게 구할 수 있는 피임 기구입니다.

또한 남성은 결혼을 했든 안 했든 아이에 대한 책임이 있다는 사실을 받아들일 도덕적 의무를 지고 있습니다. 그 책임은 단지 재정적으로 지원하는 것을 의미하기도 합니다.

하지만 여성과 남성 사이에 유대가 돈독하지 않다면 남성이 아이의 문제에 관여한다고 하더라도 금세 그만두는 경우가 있습니다. 그래서 많

스페인에서 열린 낙태 반대 시위에서처럼 많은 남성들도 낙태 반대 운동을 하고 있다. 지난 30년 동안 영국과 미국에서 자기 아이를 임신한 여성의 낙태를 막기 위해 소송을 제기한 남성이 몇 명 있었다. 그들은 낙태 반대 운동 단체들의 지지를 받아 소송을 진행했다. 하지만 그런 남성들이 재판에서 이긴 적은 지금까지 한 번도 없다.

은 여성이 임신이라는 신체적인 부담뿐만 아니라 아이들을 양육하는 무거운 책임까지 부담하게 되지요. 그러므로 낙태를 하느냐 마느냐 하는 문제가 생겼을 때 남성보다 여성의 신체적, 정서적, 사회적 지위가 더 중요하게 고려되어야 하는 것입니다. 물론 유대가 돈독한 남녀는 계획에 없던 임신을 한 경우 어떻게 할 것인지 함께 고민하고 결정하겠지요.

한편 유럽의 경우 남성에게는 낙태를 말리거나 강요할 법적인 권리가 없어요. 임신한 여성과의 관계가 어떻든 말이지요. 하지만 전통적, 법적으로 남편이 아내의 낙태를 막을 권리가 보장되는 지역도 있답니다.

생명권과 삶의 질

태아에게 생명권이 있다고 믿는다면 또 다른 질문을 하나 더 할 수 있습니다. 세상에 나왔을 때 자신의 삶이 좋든 나쁘든 태아는 세상에 태어나기를 바랄까요? 만일 태아의 장애가 너무 심해서 태어난 후에 정상적으로 살 수 없다면 태아는 태어나지 않을 권리가 있는 걸까요? 당연히 태아는 이에 대해 스스로 결정하지 못해요. 따라서 부모가 대신 결정해 주어야 합니다.

집 없는 아이들이 필리핀 마닐라의 거리에서 자고 있다. 필리핀은 가톨릭 인구가 많은 나라로, 필리핀의 교회는 산아 제한을 규제하라고 정부에 압력을 가하고 있다. 그 결과 세 명 중 한 명꼴로 원하지 않는 아이가 태어난다. 전 세계에 집 없는 아이들이 얼마나 있는지는 정확히 알려지지 않았지만, 약 1억 명으로 추산된다. 살 곳을 잃어 가족과 함께 거리에서 사는 아이들도 있지만, 거리를 떠도는 아이 중 대부분은 가족이 없다. 부모가 사망했거나 전쟁이나 자연재해로 가족이 흩어지게 된 경우도 있고, 아니면 부모에게 버림받은 경우도 있다.

장애인의 권리

　　장애인들은 태아에게 장애가 있으면 낙태할 수 있다고 명시한 법이 장애인에 대해 차별이라고 주장한다. 그러한 법이 장애인을 '정상적'이지 않고, 다른 사람들보다 가치가 떨어지는 사람이라는 암시를 준다는 것이다. 그들은 성별이나 인종에 따른 차별이 부당한 것처럼 장애가 있다는 이유만으로 낙태를 허용하는 것도 똑같이 부당하다고 말한다. 또한 장애인이 사회생활을 하면서 마주치는 가장 큰 문제는 다름 아닌 사회의 편견이며, 모든 태아가 법 앞에서 평등해야 한다고 주장한다.

　　어떤 사람들은 생명에는 권리와 함께 살아가야 할 의무도 따르며, 그 누구도, 심지어 관련이 있는 사람이라도 어떤 이유에서든 고의적으로 삶을 끝낼 권리가 없다고 주장합니다. 이는 **안락사**를 둘러싼 논쟁에서 가장 자주 내세워지는 주장이기도 해요. 또 어떤 사람들은 삶의 질을 최우선으로 여겨 아이가 태어난 뒤의 미래가 어떠할지를 심사숙고하기도 합니다.

대안은 무엇일까요?

　　원하지 않은 임신을 한 여성은 주로 개인적인 형편과 정서적 상태에 따라 낙태 여부를 선택할 수 있습니다. 낙태 여부를 결정할 동안 임신부는 마치 궁지에 몰린 사람처럼 몹시 두려워하고 불행해하지요.

　　만약 여성이 아이를 낳겠다고 결심했더라도 주변에 도와줄 배우자나 가족이 없다면 자신의 경제적 능력에만 전적으로 의지해야 합니다. 그런 여성들은 아이를 보살피면서 동시에 돈을 벌어야 하거나 정부 지원금이나 자선단체의 도움을 구해야 하지요.

배우자나 가족이 곁에 있다면 어디에 거주하는지, 이미 아이가 몇 명이나 더 있는지, 경제적 형편이 어떠한지에 따라 태어날 아이를 부양할 능력이 판가름납니다. 만약 엄마가 젊고 아직 학생이라면, 학업을 포기하게 되면서 사회생활까지 어려워질 가능성도 있어요.

아이를 낳을 수 있지만 양육할 수는 없다고 판단될 경우에는 아이를 낳은 후 전문 입양 기관에 아이를 보내기도 합니다. 하지만 아홉 달 동안 임신과 출산을 겪고 난 후에 아이를 떠나보내기란 결코 쉬운 일이 아니에요. 또 아이가 따뜻한 가정을 만나리라는 보장도 없어요. 그리고 무엇보다도 엄마가 사는 지역에 전문 입양 기관이 없을 가능성도 있지요. 그러면 아이를 보육원이나 자선 기관에 맡겨야 하겠지요. 하지만 그런 기관마저 없다면, 아이는 결국 버려질지도 모릅니다. 비록 아이를 버리는 것이 대부분의 나라에서 범죄로 규정되어 있어도 말이에요.

마지막으로 자신을 위해 낙태가 옳은 선택이라고 믿는 여성들도 막대한 슬픔과 죄책감에 시달리게 됩니다.

알아두기

미국에서 실시된 연구 결과에 따르면, 낙태가 합법화된 1970년대 초부터 미국의 입양아 수가 줄어들었다.

인구 억제책

낙태 여부를 선택할 권리와 자녀 수를 계획할 권리는 세계 인구 증가와 관련하여 떠오르는 쟁점이기도 합니다. 지난 200년 동안 세계 인구는 1804년 1억 명에서 2010년 67억 명으로 증가했어요. 최소 2050년까지 인구가 계속 증가하리라는 사실은 누구라도 짐작할 수 있겠지요.

어떤 사람들은 지구가 감당할 수 있는 인구수에 한계가 있다고 생각합니다. 또한 식량과 신선한 물이 바닥나고 땅이 사라질 것이라고도 말하지요. 그들은 이런 일이 발생하면 가난과 기근, 지구 오염이 더욱 심각해지고 점점 고갈되어 가는 자원 때문에 전쟁까지 일어날 것이라며 우려

젊은 여성이 아프리카 라이베리아의 한 진료소를 방문하고 있다. 1994년에 유엔 세계인구개발회의(UN International Conference on Population and Development)는 세계 모든 나라에 성과 생식 관련 의료 보장 제도의 도입을 촉구했다. 여기에는 가족계획과 모자(母子)의 건강과 관련한 의료 보장도 포함된다. 하지만 아직 이러한 제도를 시행하지 않는 나라가 많다. 정부 예산이 부족해서일 수도 있고, 정부의 의지가 부족해서일 수도 있다.

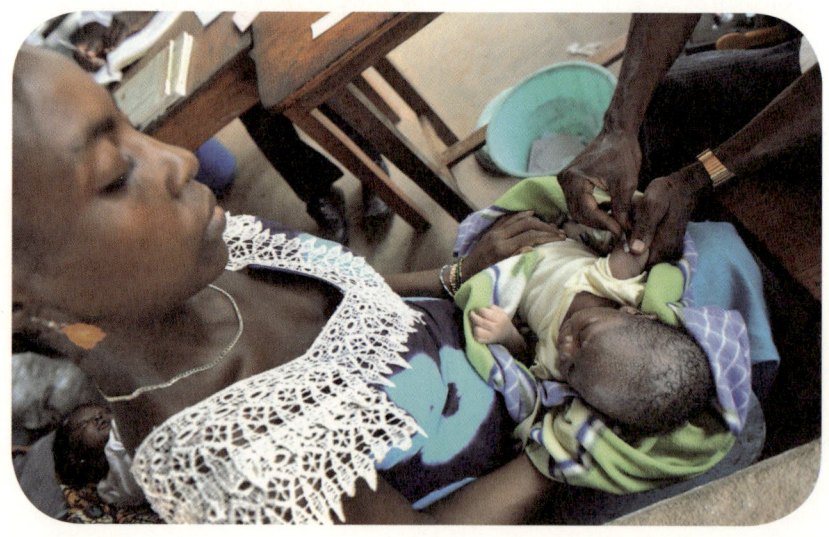

하고 있습니다. 그들은 각국 정부가 낙태를 자유롭고 안전하게 할 수 있도록 노력한다면 인구 증가를 통제할 수 있다고 주장하지요.

루마니아와 중국의 경우처럼 출산율을 낮추는 것만이 해결책이 아니라, 전 세계에 식량과 신선한 물이 공급되도록 하고 선진국과 개발 도상국 사이에 더욱 공정하게 부를 나누는 것이 해결책이라는 견해도 있습니다. 이러한 견해를 주장하는 사람들은 정부가 나서서 인구 억제 정책을 펴는 것이 위험하다고 말하지요. 부부에게 아이를 낳지 못하도록 강제하

사례탐구 루마니아

1957년에 루마니아는 임신 14주까지 낙태를 합법화했다. 하지만 1966년에 정권이 교체되자 낙태와 피임이 엄격하게 금지되었다. 루마니아의 인구 감소를 해결하기 위해 여성들에게 출산을 장려하려는 목적이었다. 처음에는 이 정책이 효과가 있었지만 불법 낙태를 하는 사람들이 늘어나 결국 출산율은 다시 떨어졌다.

1989년에는 불법 낙태로 발생한 사망이 전체 임신부 사망 중 80퍼센트 이상을 차지했다. 또한 최대 20퍼센트의 여성들이 반복적인 낙태로 불임이 되었다. 그중에는 마흔 살이 될 때까지 다섯 번이나 불법 낙태를 한 여성도 있었다. 한편, 출산율의 증가로 버려진 아이들은 북적거리고 비위생적인 보육원으로 보내졌으며 거기에서 많은 아이가 사망했다.

1989년에 루마니아 혁명이 일어난 뒤 낙태는 다시 합법화되었다. 낙태를 허용하는 법이 시행된 첫해에는 낙태율이 가파르게 올라갔지만, 그 이후로는 점차 낮아졌다. 또한 임신부 사망이 거의 3분의 2로 줄었다.

거나 부부의 계획보다 아이를 더 많이 낳도록 강제하는 등 정부가 국민에게 부당한 압력을 가할 수 있기 때문이에요. 그리고 어떠한 상황에서도 정부가 자녀를 언제, 몇 명을 낳을지 선택할 개인의 권리를 침해해서는 안 된다는 주장도 나오고 있답니다.

사례탐구 중국

세계에서 인구가 가장 많은 나라인 중국은 1979년 부부가 자녀를 한 명만 낳도록 법으로 규제한 '한 자녀 정책'을 시작했다. 다만, 시골 지역에 사는 소수민족 부부와 형제자매가 없는 부부에게는 자녀를 더 낳는 것을 허용했다. 한 명 넘게 아이를 낳았을 경우에는 많은 벌금을 물고 공교육비와 의료비를 부담해야 한다. 그리고 첫째 또는 둘째 아이를 출산한 후 여성은 자기 의사와 무관하게 불임 시술을 받아야 한다. 중국에서는 피임 기구를 자유롭게 구할 수 있지만, 미혼 여성 대부분은 피임 기구를 사용하지 않는다. 그래서 임신하게 되면 대개 낙태를 한다.

한 자녀 정책으로 중국의 인구 증가율이 실제로 누그러지기는 했다. 또 중국 정부에 따르면 한 자녀 정책을 시행한 후 실업률이 낮아졌으며 더 많은 사람이 의료, 교육, 주택에 관련된 혜택을 받게 되었다고 한다. 하지만 시간이 지나면서 중국의 인구는 다시 늘어났고, 그로 인해 정부 정책에 대한 비판의 목소리가 높아졌다.

간추려 보기

- 태아를 독립적인 인간 개체로 보는 사람들은 태아에게 생명권이 있다고 주장한다.
- 어떤 사람들은 태아의 생명권이 엄마의 생명권보다 우선한다고 생각한다. 이와 반대 의견인 사람들은 여성의 권리와 건강을 가장 먼저 고려해야 한다고 말한다.
- 태어난 후의 환경이 어떠하든지 태아에게는 생명권이 있다는 견해가 있다. 반대로 출생 후의 삶의 질을 헤아려야 한다는 주장도 있다.
- 정부의 인구 억제 정책은 인권을 침해하는 방식으로 실행되기 쉽다.

끝나지 않는 논쟁

낙태에 관한 논쟁은 낙태하는 여성들이 있는 한 계속될 것입니다. 이러한 논쟁이 지속되는 것은 어쩌면 당연한 일일지도 모릅니다. 낙태 논쟁은 인간 생명에 관한 근본적인 도덕 원칙을 다루고 있기 때문이지요. 인간 생명의 가치, 우리가 인간으로서 어떤 권리가 있고 또 자신과 타인에 대해 어떤 의무를 갖는지에 대해서 말이에요.

낙태에 관한 논쟁은 낙태하는 여성들이 있는 한 계속될 것입니다. 이러한 논쟁이 지속되는 것은 어쩌면 당연한 일일지도 모릅니다. 낙태 논쟁은 인간 생명에 관한 근본적인 도덕 원칙을 다루고 있기 때문이지요. 인간 생명의 가치, 우리가 인간으로서 어떤 권리가 있고 또 자신과 타인에 대해 어떤 의무를 갖는지에 대해서 말이에요. 그리고 우리는 그러한 도덕 원칙을 소중히 여겨야 합니다.

수정되는 순간부터 태아가 생명에 대한 권리를 갖는다고 믿는 사람들은 낙태를 절대적으로 반대합니다. 그들은 임신부의 건강에 대한 권리, 빈곤에서 벗어날 권리, 심지어 선택을 강요당하지 않을 권리조차 받아들이지 않습니다.

마찬가지로 여성의 권리가 무엇보다도 중요하다고 믿는 사람들은 여성들이 낙태 여부를 스스로 결정할 수 없다는 주장을 받아들이지 않을 것입니다. 기억하세요. 낙태 찬성자들은 낙태를 바람직한 일이라고 생각하는 것이 아니라 때로는 필요할 수도 있는 일이며 자유롭게 선택할 수 있어야 한다고 주장한다는 것을 말이에요.

이렇게 극과 극을 달리는 의견 사이에는 낙태의 시기와 방법, 임신부의 건강과 태아의 생존 능력 등의 쟁점을 담은 수많은 의견이 있습니다.

정보에 근거한 선택

낙태에 대한 상반된 의견을 절충하려면 개인이 낙태에 대해 권리와 책임을 갖고 올바른 선택을 할 수 있도록 도와주는 정보와 지원을 받을 수 있는 사회를 만들어야 합니다. 그러면 낙태는 최후의 수단으로서만 선택될 것이며, 처음부터 원하지 않은 임신을 피하는 데 더욱더 노력을 기울이게 될 거예요.

네덜란드가 바로 그러한 사회입니다. 네덜란드는 세계에서 낙태율이

학교에서 성교육을 해야 한다고 주장하는 사람들은 원하지 않은 임신과 낙태를 피하도록 청소년들을 교육하는 것이 유일한 방법이라고 말하고 있다. 반면에 이에 반대하는 사람들은 성교육이 오히려 청소년들이 성관계를 부추긴다고 주장한다. 하지만 각종 연구 결과는 종합적이고 지속적인 성교육이 10대의 임신을 줄일 수 있다는 것을 보여 주고 있다.

가장 낮은 나라 중 하나예요. 가임기 여성 1,000명당 약 5~6건의 낙태가 이루어지고 있지요. 영국이 1,000명당 18건이고, 미국은 1,000명당 21건, 전 세계 평균이 1,000명당 대략 29건인 것과 비교해 보면 현저히 낮은 기록이에요.

1960년대까지 네덜란드는 전통적인 가족의 가치가 중요시되는 나라였습니다. 가족계획은 고려되지 않았고, 사회적으로 피임이 받아들여지지 않았으며, 피임 기구의 판매도 금지되어 있었지요. 그리고 유럽에서 출산율이 가장 높은 나라 중 하나였어요.

그런데 인구 증가를 염려하기 시작하면서 모든 것이 바뀌었습니다. 인구 증가를 염려하는 사회적 분위기로 인하여 자연스럽게 산아 제한이라는 쟁점이 등장했고, 많은 사람이 산아 제한에 대해 토론하기 시작했지요. 의사들은 가족계획 서비스를 제공하기 시작했고 학교는 성교육을 도입했어요. 또한 공공 의료 제도를 통해 피임약과 그밖의 현대적인 피임 기구를 쉽게 구할 수 있게 되었답니다.

낙태 규제법은 1984년에 임신 24주까지 낙태를 허용하는 법으로 바뀌었습니다(실제로는 대체로 21주까지 허용하고 있습니다). 여성은 이유를 댈 필요 없이 '원하지 않은 임신'이라고 말만 하면 낙태할 수 있게 되었지요. 하지만 의사와의 상담을 통해 낙태 이외의 다른 선택 사항을 전부 고려해 보았는지 확인해야 한답니다.

낙태하기로 결정을 내리면 의사와 면담한 뒤 5일을 기다려야 합니다. 자신의 결정을 주의 깊게 다시 생각해 볼 시간을 갖기 위해서죠. 마음이 변하지 않았다면 병원이나 허가를 받은 의원에서 안전한 수술을 받으면 됩니다. 네덜란드 거주 여성에게는 수술비가 모두 무료랍니다.

네덜란드는 가능하다면 낙태를 피해야 한다고 생각합니다. 그래서 네덜란드는 원하지 않은 임신, 특히 10대들의 원하지 않은 임신을 방지하기 위해 많은 노력을 기울이고 있습니다. 그 일환으로 네덜란드의 여러 학교, 운동 단체, 언론 매체는 성행위와 건강한 피임에 대해 여성 혼자서 판단하지 않고 긍정적인 태도로 열린 토론을 할 수 있도록 여건을 조성해 주고 있답니다.

찬성 VS 반대

세계적으로 출산율을 낮추려는 운동이 벌어지면서 부부가 책임감을 가지고 자녀 수를 택할 권리가 존중받지 못하고 있다. 더 심각한 문제는 생명권조차 존중하지 않으며 출산율을 낮추려고 한다는 것이다. 빈곤을 타파한다는 명목으로 행해지는 수백만 태아 살해는 사실 모든 인간 중에서 가장 약한 사람들만 죽이는 행위나 다름없다.
　　　　– 교황 베네딕트 16세의 세계 평화의 날 담화문 중 2009년

모든 개인은 책임감을 가지고 자유롭게 자녀의 수와 출생 시기를 결정할 권리와 그렇게 할 정보와 수단을 얻을 권리, 건강한 성생활과 출산에 대해 기본적인 권리를 행사할 수 있어야 한다. 또한 차별, 강압, 폭력 없이 출산에 관한 결정을 내릴 권리 역시 행사할 수 있어야 한다.
　　　　– 유엔 세계인구개발회의 행동 강령 1994년

용어 설명

가족계획 부부가 원하는 자녀 수와 임신 시기를 조절하는 전체 과정. 임신하는 것과 피임하는 것을 포함한다.

금고형 교도소에 가두어 두는 형벌.

금욕 무언가를, 특히 성관계를 절제하거나 멀리하는 것.

나팔관 여성의 난소 바깥쪽에 붙어 자궁으로 연결되는 두 개의 관.

랍비 유대교의 율법 학자.

배아 포유동물이나 다른 척추동물의 초기 발달 단계의 태아. 인간의 경우에는 수정란이 착상된 후 8주 이내의 태아.

불임 수술 남성이나 여성의 생식 기관 일부분을 외과 수술로 제거하거나 정자나 난자의 생산을 방지하기 위해 차단하는 것으로, 성관계 자체를 막는 것은 아니다.

사후피임약 긴급 피임약으로, 피임하지 않고 성관계를 한 뒤 난자가 배출되는 것을 막기 위해 성관계 직후 되도록 빨리 복용해야 하는 알약. 100퍼센트 효과가 있는 것은 아니며 여성이 이미 임신한 경우에는 효과가 없다.

산아 제한 사회적으로 인구 문제의 해결을 위해 인공적인 피임 방법을 통해 임신을 제한하는 것.

산파 아이를 낳을 때, 아이를 받고 산모를 도와주는 일을 하는 여자.

삼분기원칙(trimester) 임신 기간을 3단계로 나누어 그 시기에 따라 여성이 낙태에 대해 판단할 수 있도록 규제한 원칙.

수정 여성의 난자와 남성의 정자가 합쳐져 수정란이 되는 순간.

안락사 불치병으로 고통받는 사람의 목숨을 본인이나 가족의 요구에 따라 단축하는 것.

유산 자연적인 원인으로 수정란이나 배아, 태아를 잃는 것.

윤회 수레바퀴가 끊임없이 구르는 것과 같이, 사람이 죽은 뒤 그 업에 따라서 또 다른 세계에 다시 태어난다는 것.

인본주의자 신 중심의 세계관에 반대하고 인간의 존엄성 회복을 중시하는 사상가.

자궁 여성 생식계의 일부. 자궁 안에서 수정란이 배아에서 태아로 성장한다.

자궁 내 피임 기구 자궁 안에 장착하는 작은 플라스틱 또는 금속 피임 기구. 남성의 정자가 여성의 난자에 도착하는 것을 막는다.

중절약 미페프리스톤과 미소프로스톨(프로스타글란딘)의 혼합물. 태아를 낙태시키기 위해 복용하는 약으로, 사후피임약과는 다르다.

질외사정 남성이 사정하기 전에 성기를 여성의 질에서 빼는 것.

콘돔 남성의 성기를 덮는 얇은 고무 덮개 또는 쓰개. 성관계 도중에 남성의 정자가 여성의 질로 들어가는 것을 막는다.

태반 수정란이 자궁에 착상한 후 자궁 안에서 발달하는 기관. 엄마의 몸에 있는 영양분과 산소를 태아에게 전달하고 태아의 노폐물을 배출한다.

태아 포유동물 또는 다른 척추동물의 자궁 속에서 자라는 아기. 더 엄밀하게 말하면 임신 8주부터 출산 시기까지 자궁 속에서 성장 중인 인간의 아기.

테레빈유 소나무 수액인 송진을 증류해서 얻는 기름.

피임 약이나 장치, 다른 기술을 사용해 성관계 도중 임신 가능성을 차단하는 것.

피임약 여성의 난자가 매달 생산되는 것을 막기 위해 규칙적으로 복용하는 알약.

헌법 모든 국가의 법의 체계적 기초로서, 국민의 기본적인 인권을 보장하고 국가의 조직, 구성 및 작용에 관한 기본 조직을 규정하는 법이며 다른 법률이나 명령으로써 변경할 수 없는 한 국가의 최고 법규.

연표

기원전 1760년	함무라비 법전에는 낙태를 하거나 낙태를 하도록 한 사람은 벌금을 물어야 한다고 명시하고 있다.
기원전 1550년	이집트에서 발견된 에버스 파피루스에는 낙태 방법을 포함한 고대 의학 지식이 기록되어 있다.
기원전 400년대	그리스 의사 히포크라테스는 낙태를 하기 위해 약물을 사용하는 것을 반대했지만 다른 방법은 추천했다.
400년대	성 아우구스티누스는 낙태를 죄악이라고 비판했지만 태아가 영혼을 얻기 전에 낙태하는 것은 비교적 덜한 죄악이라고 했다.
1025년	이슬람교도인 의사 이븐 시나(또는 아비켄나)는 자신의 의학 백과사전에 낙태에 쓰일 수 있는 여러 물질에 대해 기록했다.
1200년대	교황 인노첸시우스 3세는 태아가 움직이기 전에 낙태하는 것은 살인이 아니지만 움직인 뒤에 낙태하

는 것은 살인이라고 발표했다. 향후 600년 동안 영국과 다른 지역에서는 이러한 가톨릭교회의 결정을 따랐다.

1803년

태아가 움직인 뒤에 낙태하는 것을 사형에 처할 수 있는 범죄로 규정하는 법이 영국에서 통과되었다. 반면 태아가 움직이기 전에 낙태하는 것은 약한 처벌을 받았다.

1820년대

낙태를 금지하는 법이 미국 대부분 주에서 제정되었다.

1829년

뉴욕은 임신부의 생명이 위태로울 때 낙태를 허용한 미국의 첫 번째 주가 되었다.

1839년

레스텔 부인(앤 로먼)은 뉴욕에서 불법 낙태 시술을 시작했다.

1850년대

최초의 고무 콘돔과 여성용 고무 격막이 등장했다.

1861년

영국에서 낙태를 금지하는 법안이 통과되었다. 이 법안이 제정되면서 언제, 어떤 이유로든 낙태하는 사람은 3년 이상에서 종신형에 처해졌다.

1873년

미국에서 콤스톡법이 제정되어 피임이나 낙태 도구를 광고하거나 유통하는 일, 또는 그에 대한 정보를 제공하는 일이 불법화되었다.

1886년

교황 레오 13세는 태아를 죽이는 수술을 전부 금지했다. 임신부가 위독할 때에도 마찬가지이다. 가톨릭교회는 지금까지 같은 견해를 유지하고 있다.

1918년 미국에서 콘돔의 판매가 합법화되었다.

1920년 소련에서 낙태가 완전히 합법화되었다.

1932년 폴란드는 유럽 최초로 성폭행으로 임신한 경우나 임신부의 건강이 위태로운 경우에 낙태를 합법화했다.

1936년 미국에서 콤스톡법이 완화되었다. 하지만 1965년까지는 완전히 사라지지 않았다.

1938년 영국에서 알렉 본이 불법 낙태 수술을 한 죄로 기소되었다. 이 사건이 전환점이 되어 타당한 이유가 있을 때에는 낙태를 허용하는 법률의 원리가 생겨났다.

1958년 중국에서 자궁 진공 흡인법 혹은 흡인법이 처음 사용되었다. 이것은 1967년에 영국에 도입되었고, 나중에는 미국과 전 세계에 도입되었다.

1960년대 피임약이 등장했다.

1967년 영국에서 낙태법이 제정되어 임신 28주까지 의사 두 명의 동의를 얻으면 낙태할 수 있게 되었다.

1973년 미국 연방 대법원의 로 대 웨

이드 판결은 미국 여성에게 최초로 임신 첫 3개월 안에 낙태할 권리를 보장했다.

1970년대 ~1980년대	프랑스, 서독, 뉴질랜드, 이탈리아, 네덜란드는 타당한 이유가 있을 때 이루어지는 낙태를 합법화했다.
1988년	새로운 중절약이 프랑스에서 처음 개발되었다.
1988년	모겐탈러 대 여왕(Morgentaler et al. v. Her Majesty The Queen) 재판에서 대법원은 캐나다의 모든 낙태법이 위헌이라고 명시했다. 캐나다는 세계에서 낙태 관련법이 없는 몇 개 나라 중 하나가 되었다.
1990년	영국에서 낙태법이 '임신 24주까지'로 개정되었다.
2002년	호주 수도 캔버라는 낙태를 합법화하고 낙태 관련법을 없앤 최초의 주가 되었다. 2008년에 빅토리아 주도 낙태를 처벌 대상에서 제외했다.
2007년	포르투갈은 임신 10주까지의 낙태를 전적으로 허용했다.
2007년	멕시코 주는 멕시코에서 임신 첫 12주까지 낙태가 가능한 최초의 주가 되었다. 다른 모든 주에서 낙태가 엄격히 규제됐다.
2010년	스페인은 임신 첫 12주까지 낙태를 허용했다.

더 알아보기

보건복지부 www.mw.go.kr

우리나라의 사회 복지, 기초 생활 보장, 의료 보험, 신종플루 정보 등은 물론, 생활 법령에 필요한 모든 정보를 제공하고 있다. '인공 임신 중절 수술 관련 법령'에 대한 내용도 찾아볼 수 있다.

프로라이프 의사회 www.prolife-dr.kr

프로라이프 의사회는 종교적인 이념을 떠나서 순수하게 의학, 생명과학, 생명윤리, 성윤리의 입장에서 낙태 문제를 포함한 전반적인 생명존중운동을 실천하고 있는 의사단체. 특히 낙태 문제에 집중하고 있으며 태아의 생명을 보호하는 일에 매진하고 있다.

낙태반대운동연합 www.prolife.or.kr

생명사랑운동, 교육, 미혼모, 임신, 낙태 상담 등은 물론, 낙태 예방 사업, 위기임신 상담실 운영, 출산 지원 사업 등의 업무를 지원하고 있다.

어보션 라이트(Abortion Rights) www.abortionrights.org.uk

낙태 찬성 운동 단체로, 안전하고 합법적으로 낙태할 여성의 권리를 보호하고 신장하는 운동을 벌이고 있다.

태아보호협회(The Society for the Protection of Unborn Children) www.spuc.org.uk

낙태 반대 운동 단체로, 수정된 순간부터의 태아를 인간으로 여기기 때문에 태아의 생명을 보호하는 운동을 벌이고 있다.

에듀케이션 포 초이스(Education For Choice) www.efc.org.uk

영국에서 시작된 자선 단체로 젊은이들이 임신과 낙태 관련 선택에 필요한 정보를 제공하고 있다.

찾아보기

ㄱ

가족계획 49, 51, 100, 109
개발 도상국 30, 35, 37, 38, 44~47, 93, 102
구트마허 연구소 23, 30, 35, 40, 95
금욕 90

ㄴ

나팔관 21, 64
낙태 시술자 63, 67
낙태약 24, 58, 64
노르마 맥코비 12~14

ㄹ

루타 24, 58
로 대 웨이드 13~15, 70
로버트 데일 오언 66, 67

ㅁ

마거릿 생어 66, 68
마취 26~28
미페프리스톤 25, 26

ㅂ

배아 22, 26, 27, 76
불임 44, 51, 101
불임 수술 51

ㅅ

사회 개혁가 66
사후피임약 78
산아 제한 51~53, 60, 64, 66, 68, 69, 71, 97, 109
생존 능력 108
성 아우구스티누스 61, 62
성폭행 12, 33~35, 39, 43, 44, 69, 78, 79, 81, 83, 90, 94
세계보건기구(WHO) 40, 45
수정 63, 75, 77, 78, 81, 82, 90, 107
수정란 21, 22, 78, 80

ㅇ

안락사 98
알렉 본 69
앤 로먼(레스텔 부인) 67
앤서니 콤스톡 67
영아 살해 60, 61
인공 유산 15, 19
인본주의자 85
입양 12, 13, 92, 99

ㅈ

자연 유산 15, 19

ㅈ

조지 틸러 50
중절약 25, 26, 28, 63, 78

ㅊ

착상 21, 22, 26, 75, 78, 80
치유자 58, 60, 63

ㅌ

태아 13, 19~23, 27, 28, 30, 34, 35, 39, 45, 57, 61~63, 70, 71, 75~83, 85~91, 95, 97, 98, 103, 107, 108, 110
태아보호협회 69
탯줄 22

ㅍ

파문 77, 79
피임 49~53, 59, 65, 66, 68, 70, 71, 78, 90~95, 101, 109, 110

ㅎ

호르몬 26
히포크라테스 57

내인생의책은 한 권의 책을 만들 때마다
우리 아이들이 나중에 자라 이 책이 '내 인생의 책'이라고 말할 수 있는 책을 만들고자 합니다.

세상에 대하여 우리가 더 잘 알아야 할 교양
18 낙태 금지해야 할까? (원제: Abortion)

재키 베일리 글 | 정여진 옮김 | 양현아 감수

초판 인쇄일 2013년 01월 15일 | 초판 발행일 2013년 01월 30일
펴낸이 조기룡 | 펴낸곳 내인생의책 | 등록번호 제10-2315호
주소 서울시 마포구 망원동 385-39 3층 (우)121-821
전화 (02)335-0449, 335-0445(편집) | 팩스 (02)335-6932
전자우편 bookinmylife@naver.com | 카페 http://cafe.naver.com/thebookinmylife
편집주간 한소원 | 편집장 이은아 | 책임편집 황윤진 | 편집 김지연 손유진 박소란 강길주 조일현
디자인 이자현 심재원 한은경 | 마케팅 강동균

이 책의 한국어판 저작권은 Imprima Korea Agency를 통해
Hodder and Stoughton Limited와의 독점 계약으로 내인생의책에 있습니다.
저작권법에 의해 한국 내에서 보호를 받는 저작물이므로 무단전재와 무단복제를 금합니다.

ISBN 978-89-97980-15-4 44300
ISBN 978-89-91813-19-9 44300(세트)

Abortion
Copyright ⓒ 2011 Wayland
Published by arrangement with Hodder and Stoughton Limited
on behalf of Wayland, a division of Hachette Children's Books
All rights reserved.

Korean Translation Copyright ⓒ 2013 by TheBookInMyLife Publishing Co
Korean edition is published by arrangement with Hodder and Stoughton Limited
through Imprima Korea Agency

책값은 뒤표지에 있습니다. 잘못된 책은 구입처에서 바꾸어 드립니다.

이 도서의 국립중앙도서관 출판시도서목록(CIP)은 e-CIP홈페이지(http://www.nl.go.kr/ecip)와
국가자료공동목록시스템(http://www.nl.go.kr/kolisnet)에서 이용하실 수 있습니다.(CIP제어번호: CIP2012005930)

책은 나무를 베어 만든 종이로 만듭니다.
그래서 원고는 나무의 생명과 맞바꿀 만한 가치가 있어야 합니다.
그림책이든 문학, 비문학이든 원고 형식은 가리지 않습니다.
여러분의 소중한 원고를 bookinmylife@naver.com으로 보내주시면
정성을 다해 좋은 책으로 만들겠습니다.

디베이트 월드 이슈 시리즈
세상에 대하여 우리가 더 잘 알아야 할 교양

전국사회교사모임 선생님들이 번역한 신개념 아동·청소년 인문교양서!

《디베이트 월드 이슈 시리즈 세더잘》은 우리 아이들에게 편견에 둘러싸인 세계 흐름에서 벗어나 보다 더 적확한 정보와 지식을 제공합니다. 모두가 'A는 B이다.'라고 믿는 사실이, 'A는 B만이 아니라, C나 D일 수도 있다.'는 것을 알려 주면서 아이들이 또 다른 진실을 발견하도록 안내합니다.

 ★ 전국사회교사모임 추천도서 ★ 문화체육관광부 우수교양도서 ★ 한국간행물윤리 위원회 청소년 권장도서 ★ 서울시교육청 추천도서 ★ 보건복지부 우수건강도서 ★ 아침독서 추천도서 ★ 대교눈높이창의독서 선정도서 ★ 학교도서관저널 추천도서

세더잘 17
프라이버시와 감시 자유냐, 안전이냐?
캐스 센커 글 | 이주만 옮김 | 홍성수 감수

**프라이버시는 인간의 본질적 권리로 우리 모두가 지켜 나가야 한다.
vs 개인 PR의 시대, 자신의 프라이버시를 얼마큼 보호하느냐는 각자가
선택할 사항이다.**

거리 곳곳에는 CCTV가 넘쳐나고, 생체 정보로 신원을 확인하고, 인터넷을 쓰려면 사이트마다 개인 정보를 입력해야 하는 등 프라이버시 침해와 일상적인 감시가 만연한 시대가 되었습니다. 범죄 예방 등 공동체의 안전을 담보하고 정보화 시대의 편익을 누리면서도 기본적 인권인 프라이버시를 어떻게 지켜 낼 수 있을지 생각해 봅니다.

세더잘 16
소셜네트워크 어떻게 바라볼까?
은우근, 조셉 해리스 글 | 전국사회교사모임 옮김

**소셜 네트워크는 표현의 자유를 확장할 것이다.
vs 사생활 침해를 증가시킬 것이다.**

페이스북이나 트위터와 같은 소셜 네트워크는 우리가 더 빠르고 빈번하게 소식을 주고받도록 도와줍니다. 아이티에서 지진이 발생했을 때도, 허리케인이 미국을 강타했을 때도, 이 소식을 가장 먼저 전했던 것은 바로 SNS였습니다. 하지만 역기능도 만만치 않습니다. 소셜 네트워크는 우리 생활을 어떻게 바꾸고 있을까요?

세더잘 15
인권 인간은 어떤 권리를 가질까?
은우근, 조셉 해리스 글 | 전국사회교사모임 옮김

**인권은 모든 지역, 모든 사람에게 동등하게 적용되어야 한다
vs 인권의 잣대를 일률적으로 들이대선 안 된다**

신문을 펼치면 연일 보도되는 비정규직 문제, 주택 문제, 성폭력, 학교 폭력, 이주민 문제 등 인간사 모든 것이 인권과 관련되어 있습니다. 이 책은 인권 개념의 발견에서부터 하나하나의 구체적 권리를 세우기까지 인권 발전의 역사를 통해 인권의 이론과 실재를 한눈에 살피고 인권감수성을 키워 줍니다.

세더잘 14
관광산업 지속 가능할까?

루이스 스펠스베리 글 | 정다워 옮김 | 이영관 감수

관광산업은 일자리를 창출하고, 국가 경제에 큰 도움이 된다.
vs 관광산업은 자연을 훼손하고, 현지인의 전통적 삶의 방식을 위협한다.

관광산업이 커지면서 사람들은 경제가 발전하고 다른 문화에 대한 접근성이 높아지는 이점을 누리게 되었습니다. 한편, 관광산업 노동자들의 근로 환경이 오히려 열악해지거나 자연이 훼손되는 부작용도 생겨났습니다. 이러한 문제들을 극복하기 위한 관광이 바로 지속 가능한 관광입니다. 책임관광, 공정여행이라고도 불리는 지속 가능한 관광을 다양한 관점에서 성찰해 봅니다.

세더잘 13
동물실험 왜 논란이 될까?

페이션스 코스터 글 | 김기철 옮김 | 한진수 감수

동물실험은 과학과 의학의 진보를 위해 반드시 필요하다.
vs 동물실험은 무의미하게 생명을 죽이므로 폐지해야 한다.

동물실험은 새로이 개발된 의약품이나 화학물질 등을 시판하기 전, 그 안전성을 검증하기 위해서 거치는 과정입니다. 인류는 수많은 동물의 희생으로 건강한 삶을 얻었습니다. 그러나 그 희생이 과연 윤리적으로 합당한지는 생각해 볼 문제입니다. 첨예한 논란을 일으키는 동물실험의 찬반양론을 명쾌하게 정리한 이 책을 읽고 과학 윤리에 대해 생각해 봅시다.

세더잘 12
군사 개입 과연 최선인가?

케이 스티어만 글 | 이찬 옮김 | 김재명 감수

군사 개입은 인권 보호를 위해 필요하다.
vs 군사 개입은 다른 나라의 주권을 침해할 뿐이다.

군사 개입은 세계에서 가장 논란이 되는 문제 중 하나입니다. 군사 개입으로 인해 사람이 죽고 공동체가 파괴되기 때문이지요. 폭력을 막기 위해 또 다른 폭력을 사용해도 될까요? 전쟁에 시달리고 있는 지구촌이 평화를 되찾는 법은 없을까요? 이 책은 국제 사회의 뜨거운 감자, 군사 개입을 다루며 지구촌 폭력과 평화에 대해 폭넓게 성찰하게 합니다.

세더잘 11
사형제도 과연 필요한가?

케이 스티어만 글 | 김혜영 옮김 | 박미숙 감수

사형은 국가가 행하는 합법적인 살인이므로 폐지되어야 한다.
vs 사형은 범죄를 억제하는 가장 효과적인 방법이므로 존치시켜야 한다.

사형제도 존폐를 둘러싼 팽팽한 논쟁은 지금도 이어지고 있습니다. 이 책은 사형제도 존폐론 외에도 사형 집행의 과정을 생생한 사례와 구체적인 논거로 철저히 분석합니다. 과연 사형에서 공정한 집행이 이루어지고 있는지, 오류는 없는지 등을 포함해, 사형제도를 둘러싼 국제적 이슈를 담아냈습니다. 이 책을 읽고 사형제도에 대한 자신만의 생각을 정립해 봅시다.

세더잘 10
성형 수술 외모지상주의의 끝은?

케이 스티어만 글 | 김아림 옮김 | 황상민 감수

미용 성형 산업을 객관적인 시선으로 바라보도록 도와주어
현대 사회에 대한 근본적인 물음을 던지게 하는 책

성형 수술의 역사, 의미, 효과, 역사적 배경, 성형 산업의 현실 등을 상세하게 설명해 미용 성형에 대해 스스로 생각하고 합리적으로 판단할 수 있는 힘을 길러 줍니다. 마땅히 '수정되어야 할 몸'에 대한 끊임없는 강박과 열등감이 만연한 현대 사회를 어떻게 바라봐야 할지 다시 한 번 깊이 생각하게 해 줄 것입니다.

세더잘 09

자연재해 인간과 자연이 공존하는 길은?

안토니 메이슨 글 | 선세갑 옮김

자연재해에 관한 사회 · 과학 통합서 '자연 대 인간'에서 '자연과 인간'으로!

세계적으로 자연재해가 급증하고 피해 규모도 커지고 있습니다. 이 책은 자연재해의 유형과 원인을 과학 원리로 설명하고, 피해자 구조나 복구 과정, 방재 대책 등에 관해 체계적으로 살펴봅니다. 또한 자연재해의 이면에 숨어 있는 정치 · 경제적인 논의와 함께 인간의 무분별한 행태가 재해를 부추기는 면도 지적하며 인문학적인 성찰을 유도합니다.

세더잘 08

미디어의 힘 견제해야 할까?

데이비드 애보트 글 | 이윤진 옮김 | 안광복 추천

미디어는 규제받아야 한다. vs 미디어는 자유로워야 한다.

오늘날 제4의 권력이라고 불릴 정도로 강력해진 미디어의 힘에 대해 알아봅니다. 미디어를 지탱하는 언론 자유와 그 힘을 통제하려는 정부의 규제 사이에 벌어지는 논쟁에 대한 다양한 관점을 제시하고, 미래의 미디어가 나아가야 할 방향에 대해서 생각해 보도록 돕습니다.

세더잘 07

에너지 위기 어디까지 왔나?

이완 맥레쉬 글 | 박미용 옮김

**지구 온난화, 전쟁과 테러, 허리케인…
이 모든 것은 에너지 위기에서 비롯되었다!**

우리는 에너지 없는 세상에서 하루도 살 수 없습니다. 하지만 현재 속도로 에너지를 소비한다면 앞으로 40년 이내에 주에너지원인 석유가 고갈될 것입니다. 이 책은 에너지 위기가 불러올 정치, 사회, 경제, 환경의 변화를 알아보고, 무엇이 화석연료를 대신할 차세대 에너지원이 될지 꼼꼼히 따져 봅니다.

세더잘 06

자본주의 왜 변할까?

데이비드 다우닝 글 | 김영배 옮김 | 전국사회교사모임 감수

인류를 위한 가장 바람직한 자본주의의 변화상은 무엇인가?

자본주의의 역사와 발전상에 대해 알아보면서 자본주의라는 경제 체제가 인류를 위해 어떻게 복무했는지, 문제가 발생하면 그때마다 인류에게 봉사하기 위해 어떤 모습으로 변신했는지에 대해 알아봅니다. 이를 통해 논쟁이 끊이지 않는 21세기의 자본주의가 어떻게 변해야 할지에 대해 생각해 보도록 합니다.

세더잘 05

비만 왜 사회문제가 될까?

콜린 힌슨, 김종덕 글 | 전국사회교사모임 옮김

**왜 지구 한쪽에서는 굶어 죽는데,
다른 한쪽에서는 비만으로 죽는 걸까?**

이 책은 이러한 역설에서 출발합니다. 오늘 '비만'이 왜 사회 문제가 되었는지 역사적, 문화적 관점에서 살피고 선진국과 개발 도상국에서 나타나는 비만 문제의 양상과 그 속에 숨은 식품산업의 어두운 그림자, 나아가 전 세계적 차원의 식량 문제로까지 사고의 범위를 넓혀 줍니다.

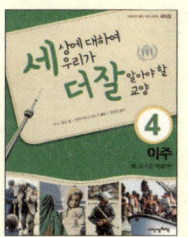

세더잘 04
이주 왜 고국을 떠날까?
루스 윌슨 글 | 전국사회교사모임 옮김 | 설동훈 전북대 사회학교 교수 감수

지구촌 다문화 시대의 국제 이주 바로 알기

오늘날 국제 사회와 다문화, 다민족 사회를 이해하기 위해 꼭 알아야 할 '이주'에 관한 책. 왜 사람들은 이주를 선택하거나 강요받는지에 대한 다양한 관점을 제시하고, 또 이에 대한 정부의 정책과 국제기구의 활동도 알려 줍니다.

세더잘 03
중국 초강대국이 될까?
안토니 메이슨 글 | 전국사회교사모임 옮김 | 백승도 연세대 중어중문학 박사 감수

세계 초강대국으로 떠오르고 있는 중국 바로 알기

우리나라는 정치·경제적으로 중국과 더욱 긴밀한 관계를 맺고 있습니다. 가까운 미래에 중국의 영향력은 더 커질 것이기에 중국을 제대로 이해해야 합니다. 이 책은 객관적 시선으로 중국을 편견 없이 바라보도록 돕습니다.

세더잘 02
테러 왜 일어날까?
헬렌 도노호 글 | 전국사회교사모임 옮김 | 구춘권 영남대 정치외교학과 교수 감수

평화로운 세상을 위해 더 잘 알아야 하는 불편한 진실, 테러

이 책은 '테러'에 대해 어떤 특정 사건과 집단 대신 '테러'라는 하나의 축으로 세계 갈등의 역사를 조망합니다. 나아가 평화로운 세상을 만들기 위해서 '테러'에 대해 잘 알아야 한다고 역설합니다.

세더잘 01
공정무역 왜 필요할까?
아드리안 쿠퍼 글 | 전국사회교사모임 옮김 | 박창순 한국공정무역연합 대표 감수

공정 무역 = 페어플레이, 초콜릿과 축구공으로 보는 세계 경제의 진실

공정무역을 포함한 무역과 시장경제를 올바르게 이해하도록 돕습니다. 오늘날 기업은 생존과 발전을 위해서 사회적 책임을 다해야 하고, 따라서 공정무역에 관심을 가질 수밖에 없습니다. 우리 아이들이 미래의 리더가 되기 위해 꼭 알아야 할 공정무역에 관한 책입니다.

※ 디베이트 월드 이슈 시리즈 세더잘은 계속 출간됩니다.

청소년을 위한 세계경제원론

이론과 현실을 조화롭게 아우른 생생한 세계경제원론서!

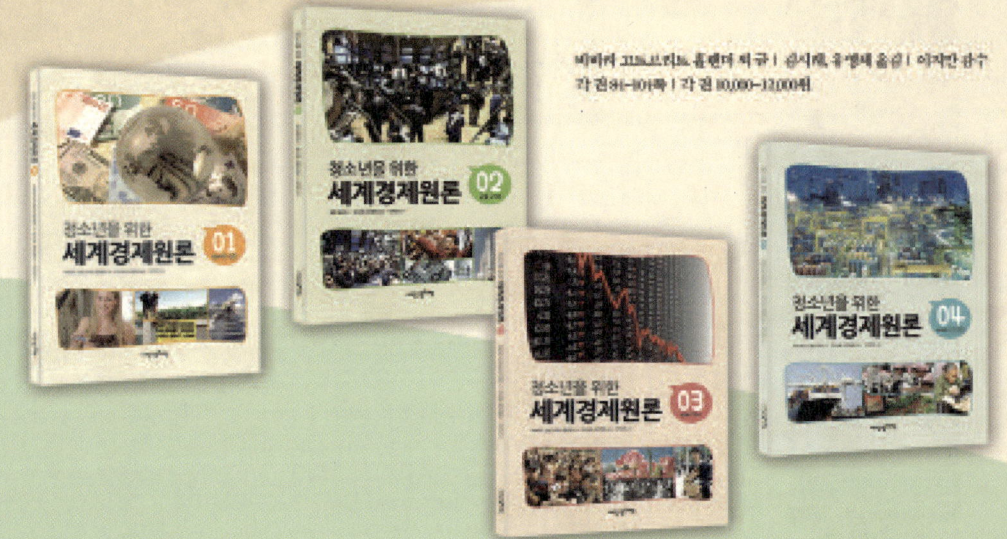

비비커 크노프리노 플런더 외 글 | 금시원, 유행재 옮김 | 이지란 감수
각 권 84~104쪽 | 각 권 10,000~12,000원

01 경제학 입문
수요와 공급에서부터 사업 조직, 대출과 이자, 중앙은행과 정부의 역할, 경제 체제 그리고 무역에
이르기까지 경제학의 기본 개념을 배우며 경제를 보는 눈을 기릅니다.

02 금융 시장
금융 시장의 개념과 작동 원리, 투자의 기본적인 기능과 예금, 적금, 주식, 채권 등 보상과 위험이
공존하는 다양한 금융 투자의 세계를 알아봅시다.

03 경제 주기
경제 주기란 무엇이며 경기가 호황인지 불황인지를 어떤 지표로 판단하는지 배웁니다. 세계 경제가
어떻게 변화해 왔는지와 더불어 현재 세계 경제가 처한 상황도 짚어 봅니다.

04 세계화의 두 얼굴
시장과 무역의 역사, 세계화가 노동자와 기업, 선진국과 개발 도상국, 환경과 문화 등 사회 전반에
미치는 영향과 부작용, 문제를 해결해 나가기 위해 함께 노력하는 국제 사회의 모습을 살펴봅니다.

★서울시교육청 추천도서 ★한국간행물윤리위원회 선정도서